Schmetterlinge

Bestimmen – Erleben – Schützen

EIN
ADAC
BUCH

Schmetterlinge

Bestimmen – Erleben – Schützen

Inhalt

Schmetterlinge unserer Heimat

Die faszinierende Welt unserer Schmetterlinge 8
Von Sonnenanbetern und Nachtschwärmern
Größenordnungen
Ungewöhnliche Formen
Warum lateinische Namen?

Die Farbenpracht der Schmetterlingsflügel 10
Bestimmungshilfe Flügelfärbung
Locken und Warnen
Keine Farben ohne Schuppen

Buntes Falterleben 14
Süßes bevorzugt
Schmetterlinge im Winter

Der Körperbau des Falters 12
Kopf
Brustabschnitt
Hinterleib
Giftige Schmetterlinge?

Lebenszweck Fortpflanzung 16
Partner gesucht
Begattung
Eiablage
Vom Ei zur Raupe
Kein Ei gleicht dem anderen

Vorwort

Raupen – verkannte Schönheiten 18

Häutungen
Vielfalt mit System
Innenleben einer Raupe

Das Puppenstadium 20

Puppentypen
Der Start ins Falterleben

Jedem der passende Lebensraum 22

Raupen brauchen Nahrung
Schmetterlingsschutz

Schmetterlinge bestimmen

Flügelfarbe Weiß 26–47

Flügelfarbe Gelb 48–59

Flügelfarbe Blau 60–73

Fügelfarbe Braun 74–123

Flügelfarbe Orange 124–153

Flügel verschiedenfarbig 154–185

Ein Wort zuvor

Gaukelnde Schmetterlinge über einer bunten Blumenwiese sind für viele der Inbegriff des Sommers. Zweifellos gehören die farbenprächtigen Insekten zu den beliebtesten Tieren der heimischen Natur. Dabei sind sie nicht nur hübsch anzusehen, sondern auch höchst interessante Geschöpfe, die eine Fülle ganz erstaunlicher Fähigkeiten und Verhaltensweisen an den Tag legen.

Dieses Buch ermöglicht es jedermann, ihm unbekannte Schmetterlingsarten zu bestimmen. Aber auch über Falter, die man bereits kennt, ist hier noch viel Wissenswertes zu erfahren. 160 der häufigsten und bekanntesten mitteleuropäischen Schmetterlingsarten, Tagfalter ebenso wie Nachtfalter, werden in ausführlichen Beschreibungen vorgestellt. Um das Auffinden zu erleichtern, sind sie nach der Grundfärbung ihrer Flügel geordnet. In vielen Fällen sind auch die dazugehörigen Raupen abgebildet oder zusätzlich ähnliche Arten gezeigt.

Das Buch kommt weitgehend ohne die Fachsprache der Schmetterlingskundler aus. Einige wenige für die Artenbeschreibung notwendige Fachbegriffe sind auf den einleitenden Seiten in Wort und Bild erklärt.

Damit wir uns an den bunten Faltern, deren Artenvielfalt in den letzten Jahren stark abgenommen hat, auch in Zukunft noch erfreuen können, bedürfen sie eines wirkungsvollen Schutzes durch den Erhalt ihrer Lebensräume. Dieser Band soll dazu anregen, die anmutigen Tiere und ihre Lebensbedingungen näher kennen zu lernen.

Schmetterlinge unserer Heimat

Das Veränderliche Widderchen gehört zu den tagaktiven Nachtfaltern.

Die faszinierende Welt unserer Schmetterlinge

Schmetterlinge zählen zweifellos zu den farbenprächtigsten Tieren der Natur. »Fliegende Edelsteine« werden die zarten Schönheiten oft poetisch genannt, sie tauchen in unzähligen Liedern und Gedichten auf, man liebt und bewundert sie. Dabei gilt die Sympathie der Menschen gewöhnlich nur dem voll entwickelten Insekt, während seine Larve, die Raupe, meist weniger Wertschätzung genießt. Doch ohne Raupe kein Schmetterling! Deshalb sollte das Interesse stets beiden Lebensformen dieser faszinierenden Tiere gelten.

Von Sonnenanbetern und Nachtschwärmern

Gemeinhin unterscheidet man in der bunten Vielfalt der Schmetterlinge zwei Gruppen: die Tag- und die Nachtfalter. In erster Linie beruht diese Einteilung auf der Zeit ihrer Flugaktivität. Doch gibt es auch unter den Nachtfaltern viele Arten, die am helllichten Tag unterwegs sind und zumeist Blüten besuchen. Zuverlässiger lässt sich ein Schmetterling anhand gewisser äußerer Merkmale einer dieser Gruppen zuordnen:

Tagfalter haben fadenförmig dünne Fühler, deren Ende kolben- oder spindelförmig verdickt ist. Mit Ausnahme einiger Dickkopffalter klappen sie in Ruhe die Flügel senkrecht über dem Körper zusammen.

Warum lateinische Namen?

Sehr viele Schmetterlinge haben nicht nur einen, sondern mehrere verschiedene deutsche Namen. Damit es nicht zu Verwechslungen kommt, trägt jede Art auch noch einen lateinischen Namen. Dieser ist in der Regel eindeutig und international gültig. Er setzt sich aus zwei Wörtern zusammen: Das erste, der Gattungsname, bezeichnet die engere Verwandtschaftsgruppe des Schmetterlings, das zweite ist der eigentliche Artname.

Die faszinierende Welt unserer Schmetterlinge

Nachtfalter hingegen weisen sehr unterschiedlich gestaltete Fühler auf. Diese können borstenförmig, gezähnt, gefiedert oder kammartig aussehen und sind bei Männchen meist deutlich größer und stärker strukturiert als bei Weibchen. In Ruhehaltung tragen Nachtfalter ihre Flügel gewöhnlich dachförmig über den Körper gelegt oder flach ausgebreitet. Eine Ausnahme machen hierbei nur einige Spannerarten, die ihre Flügel in Tagfaltermanier hochklappen.

Größenordnungen
Die Vielfalt unserer heimischen Schmetterlinge kommt aber nicht nur in deren Färbung und Flügelhaltung zum Ausdruck, sondern auch in der Größe der Tiere. Das Spektrum reicht dabei vom Totenkopfschwärmer, der mit einer Flü-

Feuriger Perlmutterfalter beim Blütenbesuch

Urmotte *Micropterix calthella*

Hornissen-Glasflügler *(Sesia apiformis)*

Weibchen des Buchen-Frostspanners
(Opteroptera fagata)

gelspannweite von bis zu 13 cm der größte Falter nördlich der Alpen ist, bis zu winzigen Kleinschmetterlingen, deren Spannweite nur wenige Millimeter beträgt, etwa bei den metallisch glänzenden Urmotten.

Kleinschmetterlinge stellen übrigens die größeren Tag- und Nachtfalter zahlenmäßig weit in den Schatten, sind aber in Gestalt und Färbung größtenteils sehr unscheinbar. Die meisten werden landläufig einfach als »Motten« bezeichnet. Doch sind unter den Kleinschmetterlingen auch tagaktive, auffällig gefärbte oder glänzende Falter vertreten.

Ungewöhnliche Formen
Schließlich gibt es noch Schmetterlinge, die gar nicht wie Schmetterlinge aussehen. So erinnern die Glasflügler mit ihren fast ganz durchsichtigen Flügeln eher an Hautflügler wie Hornissen oder Wespen oder auch an Schwebfliegen; manche Schwärmer ähneln Hummeln.
Noch weniger gleichen die flügellosen oder stummelflügeligen Weibchen einiger Nachtfalterarten einem Schmetterling. Und doch gehören sie alle zu dieser großen Verwandtschaft.

Die Farbenpracht der Schmetterlingsflügel

Bei vielen Schmetterlingen lassen sich, wie hier beim Lilagold-Feuerfalter, Männchen (links) und Weibchen (rechts) an ihrer Flügelfärbung leicht unterscheiden.

Die Farbenpracht der Schmetterlingsflügel

Schmetterlingsflügel sind wahre Wunderwerke der Natur, ungemein zart und dabei doch erstaunlich stabil. Sie bestehen aus membranartigen, durchsichtigen Blättern, die so fein sind, dass 1 qm dieses Materials gerade mal 11 g wiegen würde. Winzige, dachziegelartig angeordnete Schuppen verleihen der Flügelmembran Farbe und Glanz. Bei Berührung oder auch im Wind gehen diese Schuppen übrigens leicht verloren. Feine Adern, die mit Körperflüssigkeit und Luft gefüllt sind, durchziehen die Flügelflächen und geben ihnen die notwendige Steifigkeit.

Bestimmungshilfe Flügelfärbung

Wer Schmetterlinge bestimmen will, richtet sich gewöhnlich in erster Linie nach den charakteristischen Färbungen und Mustern ihrer Flügel. Während viele Arten so typische Muster tragen, dass sie auch bei flüchtigem Blick unverwechselbar sind, muss man bei anderen Arten schon genau hinsehen, um sie von ähnlichen Faltern zu unterscheiden.
Bei nicht wenigen Arten ist zu beachten, dass Männchen und Weibchen verschieden gefärbt und/oder gezeichnet sind. Andere wiederum sind dadurch, dass sie in unterschiedlichen Farbvarianten auftreten, gelegentlich schwer zu iden-

Keine Farben ohne Schuppen

Millionen winziger Schuppen, in die verschiedenfarbige Pigmente eingelagert sind, bedecken die Flügelflächen eines Schmetterlings und verleihen ihnen ihre Farbigkeit. Vielfach führt aber auch eine spezielle Struktur der Schuppen zu besonderer Lichtbrechung und dadurch zu Metallglanz und Schillereffekten.
Die Schuppen sind von einer hauchdünnen Wachsschicht überzogen, die wasserabweisend wirkt und die Flügel bis zu einem gewissen Grad »wetterfest« macht.

Die Farbenpracht der Schmetterlingsflügel

tifizieren. Schließlich gibt es auch noch Schmetterlingsarten, bei denen, wie etwa beim Landkärtchen, die Frühjahrsgeneration anders gefärbt ist als die Sommergeneration.

Locken und Warnen
Neben den Farb- und Schillerschuppen verfügen Schmetterlinge noch über spezielle Duftschuppen. Diese Schuppen stehen jeweils mit winzigen Duftdrüsen in Verbindung und verbreiten einen artspezifischen Duft, der wahrscheinlich einzig und allein der Zusammenführung der Geschlechter dient. Duftschuppen finden sich vor allem bei männlichen Faltern und können entweder über die ganze Flügeloberfläche verstreut sein oder in dunklen Flecken, Feldern oder Streifen stehen, wie es z. B. beim Kaisermantel und bei vielen Mohren- und Dickkopffaltern der Fall ist.

Auffällige Augenflecken oder grelle Farben auf Flügelflächen, die in Ruhehaltung verdeckt sind, dienen vielen Arten zu einem wirkungsvollen Täuschungsmanöver: Fühlt sich ein Falter bedroht, präsentiert er sie dem Angreifer mit einer schnellen Bewegung. Das kurze Zögern des irritierten Feindes nützt der Falter dann zur eiligen Flucht.

Ampfer-Grünwidderchen

Landkärtchen, Frühjahrsgeneration

Landkärtchen, Sommergeneration

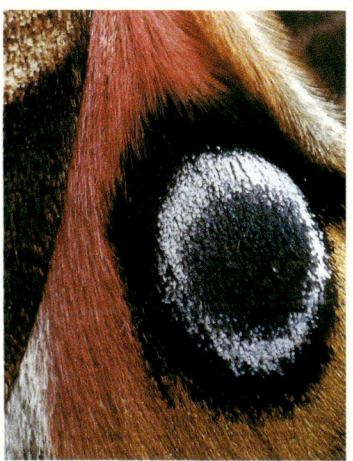

Flügelschuppen des Abendpfauenauges

Abendpfauenauge

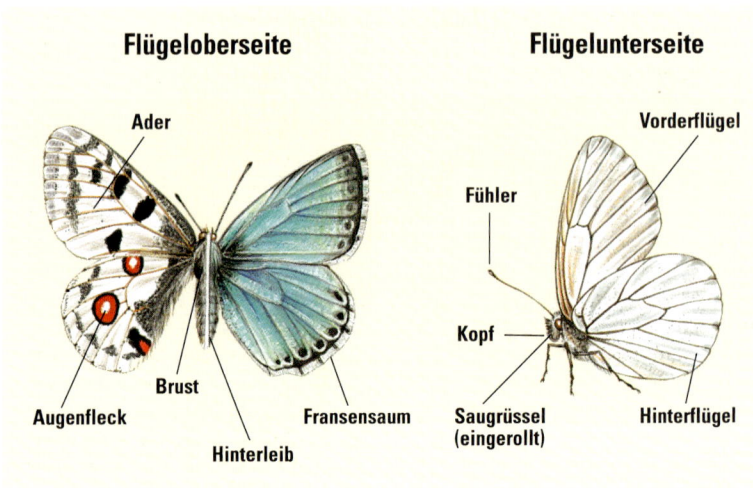

Der Körperbau des Falters

Schmetterlinge zählen zur großen Tiergruppe der Insekten. Und wie alle Insekten haben sie sechs Beine und einen Körper, der in drei Abschnitte gegliedert ist: in Kopf, Brustabschnitt und Hinterleib. Wenn diese Dreigliederung bei vielen Faltern nicht gleich ersichtlich ist, liegt das an der teilweise sehr üppigen Behaarung des Körpers.

Erster Abschnitt: der Kopf

Am Kopf fallen vor allem die großen, halbkugeligen Augen auf. Es sind so genannte Komplex- oder Facettenaugen, die sich aus vielen hundert bis mehreren tausend winzigen, sechseckigen Einzelaugen zusammensetzen.
Schmetterlinge haben keine Nase. Die Atemluft nehmen sie über winzige Öffnungen zu beiden Seiten des Hinterleibs auf, und zum Riechen dienen ihnen die Fühler, in der Fachsprache Antennen genannt. Wie fein ihre Geruchsorgane arbeiten, lässt sich in etwa an deren Gestalt erkennen: Je größer die Oberfläche, mit desto mehr Geruchssinneszellen sind sie ausgestattet. Außer Gerüchen nehmen die Fühler auch noch Schallwellen und Erschütterungen wahr. Neben Augen und Antennen findet sich am Kopf der meisten Falter noch ein weiteres auffälliges Gebilde: ein langer Saugrüssel. Wenn er gerade nicht benutzt wird, trägt ihn der Falter eng aufgerollt unter dem Kopf. Ausgestreckt ist er zumindest bei den Blüten besuchenden Arten so lang, dass die Tiere damit selbst aus sehr tiefen und engen Blütenkelchen Nektar saugen können. Manche Eulenfalter haben aber auch einen kurzen, dafür jedoch scharf gezähnten Rüssel, der sich zum Anstechen saftiger Früchte eignet. Bei vielen Nachtfalter-

Giftige Schmetterlinge?

Anders als viele der übrigen Insekten können Schmetterlinge weder stechen noch beißen und verfügen über keinerlei Giftdrüsen. Dennoch gibt es giftige Falter, etwa die Widderchen. Ihre Giftstoffe, die sie für Vögel und andere Fressfeinde ungenießbar machen, haben sie in ihrer Raupenzeit aus giftigen Futterpflanzen aufgenommen und auf Lebenszeit gespeichert.

Der Körperbau des Falters

arten schließlich ist der Saugrüssel verkümmert, sodass die Tiere keinerlei Nahrung aufnehmen können. Sie leben ausschließlich von den Fettreserven, die sie sich als Raupe angefressen haben.

Zweiter Abschnitt: die Brust
Der Brustabschnitt besteht aus drei Chitinsegmenten, die starr miteinander verbunden sind. Am mittleren und hinteren Brustring setzen die beiden Flügelpaare an. Von jedem Brustring geht ein Beinpaar aus. Die hakenförmigen Krallen des letzten Fußglieds dienen dem Falter dazu, sich auf der jeweiligen Unterlage gut festzuhalten, um auch bei Wind nicht weggeblasen zu werden. An den Füßen sitzen außerdem reichlich Geschmackssinneszellen, mit deren Hilfe der Falter Nahrung erkennen kann. Das Weibchen prüft damit zudem bei der Eiablage, ob es sich auf der richtigen Futterpflanze für seine Raupen befindet.

Dritter Abschnitt: der Hinterleib
Der Hinterleib dient in erster Linie der Fortpflanzung. Neben Darm und »Herz«, einem einfachen Pumpmuskel, der die frei in den Hohlräumen des Körpers fließende gelbliche Blutflüssigkeit umwälzt, befinden sich im Hinterleib vor allem die großen und kompliziert gebauten Fortpflanzungsorgane. Aufgrund der vielen Eier, die er enthält, ist der Hinterleib des Weibchens oftmals deutlich dicker als der des Männchens. Vor allem bei den Weibchen vieler Nachtfalter sitzen am Hinterende Duftdrüsen, durch deren Sekrete die Männchen über weite Distanzen angelockt werden.

Kopf eines Apollofalters

Kolbenförmige Fühler des Kaisermantels

Gefiederte Fühler des Kleinen Nachtpfauenauges

Gefiederte Fühler des Nagelfleck-Männchens

Die meisten Tagfalter ernähren sich wie der Weißkleegelbling von Blütennektar.

Buntes Falterleben

Zwar sind Flügel das Markenzeichen aller Schmetterlinge, doch ist sowohl die Fähigkeit als auch die Neigung zu fliegen bei den einzelnen Arten, zuweilen sogar bei Männchen und Weibchen derselben Art, außerordentlich verschieden. Zwischen dem rasanten Flug der Schwärmer und dem rudernden Vorwärtskommen mancher Kleinschmetterlinge gibt es alle möglichen Übergänge. Nicht von ungefähr werden die Tagfalter oft als »Gaukler der Lüfte« bezeichnet, ist für sie doch ein gaukelnder Flug charakteristisch. Mit den abrupten und unregelmäßigen Richtungsänderungen in ihrer Flugbahn machen sie es selbst den geschicktesten Fliegern unter ihren

Insbesondere für Nachtfalter, die bei Tag ruhen, ist es wichtig, sich vor Vögeln und anderen Fressfeinden verborgen zu halten. Viele müssen dazu kein Versteck aufsuchen, sind sie doch wahre Meister der Tarnung. Ihre Flügelfärbung und -musterung lässt sie gleichsam mit dem Untergrund verschmelzen. Überdies wird oft durch unregelmäßige Flügelkonturen die typische Schmetterlingssilhouette aufgelöst. Beispiele für solche Tarnkünstler unter den Faltern sind die Kupferglucke (rechts), die Gammaeule (ganz rechts, oben) und der Birkenspanner (ganz rechts, unten).

Buntes Falterleben

Feinden ungemein schwer, sie im Flug zu erbeuten.
Um die großen Flügel kraftvoll auf und ab bewegen zu können, müssen die Flugmuskeln warm und leistungsfähig sein. Die Tagfalter sorgen durch ausgiebiges Sonnenbaden dafür, dass die notwendige »Betriebstemperatur« erreicht und so lange wie möglich aufrechterhalten wird.

Süßes bevorzugt

Für die nötige Kalorienzufuhr sorgen die meisten Falter, indem sie süßen Blütennektar aufnehmen. Viele saugen auch gern an zuckerhaltigem Baumsaft, der aus Holzwunden austritt, oder am Saft überreifer Früchte. Ebenso nehmen viele die zuckerhaltigen Ausscheidungen von Blattläusen zu sich. In Ermangelung von beißenden Mundwerkzeugen sind Schmetterlinge auf flüssige Nahrung angewiesen, die sie mit dem Rüssel aufsaugen können.

Häufig sieht man Falter an feuchten Bodenstellen saugen, nicht selten auch an tierischen Exkrementen und jauchigen Pfützen, manchmal sogar an menschlichem Schweiß. Die Schmetterlinge nehmen dabei notwendige Mineralstoffe auf, die in den Flüssigkeiten gelöst sind.

Der Zitronenfalter ist der einzige europäische Falter, der frei, das heißt ohne Versteck überwintert.

Schmetterlinge im Winter

In den kalten Monaten des mitteleuropäischen Winters können Schmetterlinge in der Regel nicht aktiv sein. Daher hat die Natur eine kältebedingte Pause für sie eingeplant, in der ihre Entwicklung bzw. die Lebensvorgänge des fertigen Falters vorübergehend stehen bleiben. Je nach Art überwintern Schmetterlinge als Ei, Raupe, Puppe oder voll entwickeltes Insekt. Zu Letzteren gehören so bekannte Arten wie der Zitronenfalter, der Große und der Kleine Fuchs oder das Tagpfauenauge. Gewöhnlich ziehen sie sich im Herbst, das Tagpfauenauge oft schon ab August, an eine geschützte Stelle zurück, wo sie abwarten, bis sie im Frühjahr wieder ihre Flügel ausbreiten und ihr Falterleben fortsetzen können. In der Natur sind solche Winterquartiere Fels- oder Baumhöhlen, in Siedlungen findet man überwinternde Falter auch oft in Speicherräumen, Schuppen oder Gartenhäuschen.

Silbergrüne Bläulinge bei der Paarung (links das Männchen, rechts das Weibchen)

Lebenszweck Fortpflanzung

Die bunten Falter gaukeln nicht aus reiner Lebensfreude durch die Lüfte. Ihre Aufgabe ist es, sich fortzupflanzen und damit die Art zu erhalten. Alles, was sie tun, dient letztlich diesem Zweck.

Partner gesucht

Für das Zueinanderfinden von Männchen und Weibchen gibt es verschiedene Strategien. Viele Schmetterlingsmännchen vollführen aktive Suchflüge, um paarungsbereite Weibchen aufzuspüren. Während sie in raschem Flug durch ihren Lebensraum streifen, sitzen die Weibchen meist am Boden und senden aus den Hinterleibsdrüsen artspezifische Duftstoffe aus. Sobald ein Männchen ein solches Duftsignal wahrnimmt, ändert es seinen Kurs und steuert zielsicher auf dessen Urheberin zu.

Die Männchen anderer Arten warten von einem Ansitz aus darauf, dass ein Weibchen vorbeikommt. Kreuzt hingegen ein weiteres Männchen auf, wird dieses durch vehemente Flugattacken aus dem Revier vertrieben.

… und gefunden!

Während die weiblichen Duftstoffe Signalträger über weite Entfernungen sind, wirken die männlichen Düfte, die in erster Linie von den Duftschuppen der Flügel ausgehen, eher auf kurze Distanzen. Sie bringen ein umworbenes Weibchen in Paarungsstimmung.

Die Begattung selbst, der bei einigen Arten lange und komplizierte Balzflüge vor-

Kein Ei gleicht dem anderen

Schmetterlingseier sind wahre Kunstwerke der Natur. Mit der Lupe betrachtet, sehen sie je nach Art ganz verschieden aus. Da gibt es Kugeln, Näpfe, Teller, Fässer und Kegel, ihre Oberflächen können gerippt, genarbt, stachelig oder glänzend glatt sein, ihre Farben reichen von reinem Weiß über Gelb, Blau und Grün bis Orange, Rot und Dunkelbraun.

Lebenszweck Fortpflanzung

ausgehen, dauert gewöhnlich stundenlang. Die verpaarten Falter hängen dabei mit ihren Hinterleibern fest aneinander. Für viele Falter sind die Stunden der Paarung eine gefährliche Phase, denn ihre Fluchtbereitschaft lässt in dieser Zeit sehr stark nach. Doch wenn sie die Gefahr rechtzeitig bemerken, können sie auch in Kopulationsstellung gemeinsam davonfliegen.

Die Eiablage

Nach beendeter Paarung ist das Weibchen für den Rest seines Lebens mit Samen versorgt. Es bewahrt ihn in einer speziellen Tasche in seinem Hinterleib auf. Erst bei der Eiablage kommt der Samen mit den Eiern in Verbindung.

Die meisten Schmetterlingsweibchen wählen den Platz, an dem sie ihre Eier

Das Weibchen des Landkärtchens heftet seine Eier zu kleinen Türmchen aneinander.

Ei eines Schwalbenschwanzes

Gelege des Buchenstreckfußes

Schlüpfende Räupchen des Großen Kohlweißlings

ablegen, sehr sorgfältig aus. Gewöhnlich suchen sie nach einer Pflanze, von der sich die Raupen nach dem Schlüpfen ernähren können. Die Eier werden mit einem klebrigen, wasserfesten Sekret an die Unterlage geheftet, je nach Art einzeln, in kleineren oder größeren Gruppen, in Stapeln, ungeordneten Haufen oder langen Reihen.

Manche Falter platzieren die Eier aber auch nur in die Nähe einer Futterpflanze oder werfen sie gar aus dem Flug über geeignetem Gelände ab.

Vom Ei zur Raupe

Die Entwicklung vom winzigen Embryo bis zur schlupfbereiten jungen Raupe ist weitgehend von der herrschenden Temperatur abhängig. Bei Zimmertemperatur dauert sie ungefähr 10–14 Tage, wenn es wärmer ist, geht es schneller, bei kühleren Temperaturen langsamer.

Ist die kleine Raupe fertig entwickelt, beißt sie ein Loch in die Eischale und befreit sich aus ihrer engen Hülle. Bei vielen Arten stellt die Eihülle sodann die erste nahrhafte Mahlzeit für die junge Raupe dar.

Raupen – verkannte Schönheiten

Die erwachsene Raupe des Kleinen Nachtpfauenauges ist von eindrucksvoller Farbigkeit.

Raupen – verkannte Schönheiten

Während der Schmetterling für die Fortpflanzung und auch für die Verbreitung der Art sorgt, ist es der einzige Daseinszweck der Raupe, zu wachsen und Energiereserven für die spätere Umwandlung zum Falter zu speichern. Und zu diesem Zweck muss sie fressen, fressen und nochmals fressen. Die Wachstumsraten der Tiere sind entsprechend hoch. Die Raupe des Schwalbenschwanzes z. B. schafft es, ihr Gewicht in zwei Wochen zu vertausendfachen.

Tiere, die aus der Haut fahren

Nun ist die dünne Chitinhaut einer Raupe aber nur begrenzt dehnbar. Bei dem enormen Wachstum bedeutet dies, dass sie über kurz oder lang zu klein wird, ein Problem, das die Raupe durch Häutung löst. Unter der alten Hülle hat sich bereits eine neue, größere Haut gebildet, die zunächst noch in Falten gelegt ist.

Bei der Häutung sprengt die Raupe die alte Haut hinter dem Kopf auf und streift sie nach hinten ab. Vielfach wird die Hülle danach kurzerhand aufgefressen.

Vielfalt mit System

Es gibt Raupen in allen nur erdenklichen Farben und Mustern, dick und dünn, glatt und warzig, nackt und behaart, mit Borsten oder mit Dornen besetzt. (Einen kleinen Eindruck von der Vielfalt der Raupen vermitteln die Bilder auf der hin-

Wie alle Raupen hat auch die des Wolfsmilchschwärmers außer den drei Paaren gegliederter Brustbeine noch dicke, ungegliederte Bauchbeine.

Raupen – verkannte Schönheiten

teren Umschlaginnenseite.) Doch so vielfältig die Erscheinungsformen der Raupen auch sein mögen, in ihrem grundlegenden Körperbau sind die Tiere allesamt gleich:
Der Kopf, eine zumeist kugelige Chitinkapsel, trägt einige winzige Punktaugen, ein Paar gleichfalls winziger Fühler sowie mächtige Kiefer.
Der Körper ist in 13 mehr oder weniger deutlich voneinander abgegrenzte Abschnitte, Segmente genannt, gegliedert. Die vorderen drei, die dem Brustabschnitt des späteren Falters entsprechen, tragen je ein mehrgliedriges Beinpaar. An den Segmenten des Hinterleibs sitzen hingegen ungegliederte, mit feinen Häkchen besetzte Bauchbeine. Diese werden in ihrer Funktion noch unterstützt von einem Paar so genannter Nachschieber am Hinterende der Raupe. Die Zahl der Bauchbeine variiert bei den Schmetterlingsarten und kann von normalerweise vier Paar bis auf ein Paar bei den Spannerraupen reduziert sein.

Innenleben einer Raupe

An den Seiten des Raupenkörpers fällt eine Reihe von kleinen Öffnungen auf, eine pro Segment. Es handelt sich um die Atemöffnungen der Raupe, auch Stigmen genannt. Die Spinndrüsen, die im Hinterleib der Raupe liegen, sind je nach Art sehr unterschiedlich entwickelt. Zu den inneren Organen zählt außerdem ein großer Fettkörper, der dem späteren Falter als Energiereservoir dient. Den meisten Platz im Raupenleib aber nehmen die Verdauungsorgane ein – kein Wunder bei dem Nahrungsumsatz dieser Tiere!

Viele Raupen sind wahre Verwandlungskünstler, wie die Bilder rechts demonstrieren. Sie zeigen unterschiedliche Entwicklungsstadien der Raupe des Kleinen Nachtpfauenauges. Nach der ersten Häutung (ganz oben) noch schwarz mit orangefarbener Seitenlinie, sieht sie nach jeder weiteren Häutung ein wenig anders aus, bis sie zuletzt einfarbig grün oder schwarz gebändert ist und orangefarbene oder gelbe Warzen trägt (Bilder unten).

Das Puppenstadium

Dieser frisch geschlüpfte Rote Scheckenfalter hängt noch an der leeren Puppenhülle.

Das Puppenstadium

Jede Raupe verwandelt sich – sofern sie lange genug überlebt und ausreichend gefressen hat – eines Tages in einen Schmetterling. Wenn ihre Zeit gekommen ist, stellt die Raupe das Fressen ein und sucht einen geeigneten Platz für die Verpuppung auf.

Jede auf ihre Weise

Viele Raupen spinnen sich einen Kokon, in dessen Schutz sie sich dann verpuppen, andere graben sich dazu in den Boden ein. Wieder andere befestigen sich ohne zusätzliche Hülle an einem Pflanzenteil oder einer anderen Unterlage. Nach der Art dieser Befestigung lassen sich zwei Puppentypen unterscheiden: Stürzpuppen hängen kopfunter an einem Blatt oder Zweig. Ihr Hinterleibsende und die Unterlage sind durch ein kleines Gespinstpolster miteinander verbunden. Gürtelpuppen stehen aufrecht und stemmen sich mit dem Hinterende gegen die Unterlage. Ein um ihre Mitte geschlungener und an der Unterlage angehefteter Gespinstfaden sichert die Puppe gegen Abstürzen.

Die Verpuppung beginnt damit, dass die Raupenhaut aufplatzt und sich die zunächst noch bewegliche Puppe herauswindet. Ihre Außenhaut erhärtet sodann zu einer mehr oder weniger unbeweglichen Chitinhülle, in deren Innerem die wundersame Verwandlung zum Falter vor sich geht.

Der Start ins Falterleben

Das Puppenstadium kann, je nach Schmetterlingsart, einige Tage bis mehrere Jahre dauern. Der Schlüpfvorgang schließlich ist nur eine Sache von Minuten. Um seine zunächst schlaffen, zusammengefalteten Flügel auszubreiten und zu versteifen, pumpt der frisch geschlüpfte Falter Luft und Blutflüssigkeit in die Flügeladern. Nach einigen Stunden sind die nunmehr geglätteten Flügel erhärtet, sodass sich der Falter in die Lüfte erheben kann.

Das Puppenstadium

Puppe eines Kleinen Nachtpfauenauges im geöffneten Kokon

Puppe eines Totenkopfschwärmers in der Erdhöhle

Kleewidderchen mit Verpuppungskokon

Stürzpuppe eines Kaisermantels

Gürtelpuppe eines Schwalbenschwanzes

Jedem der passende Lebensraum

Die meisten Schmetterlingsarten sind mehr oder weniger stark an bestimmte Lebensräume angepasst. Wo man einen Falter sieht, kann daher bereits helfen, ihn zu identifizieren.

So wird man den Kleinen Eisvogel, eine Art des schattigen, feuchten Laubwalds, kaum jemals auf einer trockenen Wacholderheide antreffen, den Bergmohrenfalter nicht auf Marschwiesen des Norddeutschen Tieflands.

Die Raupen brauchen Nahrung

Da sehr viele Raupen auf ganz bestimmte Futterpflanzen spezialisiert sind, können sie und damit auch die dazugehörigen Falter logischerweise nur dort leben, wo die entsprechenden Pflanzen wachsen. Der Kleine Feuerfalter etwa kommt nur auf solchen Grünflächen vor, auf denen auch Sauerampfer gedeiht. Von dessen Blättern nämlich ernähren sich seine Raupen ausschließlich. Ein Blick auf die Pflanzenwelt sowie Botanikkenntnisse sind bisweilen also ebenfalls gute Hilfen bei der Bestimmung eines beobachteten Falters.

Kein Schmetterlingsschutz ohne Landschaftsschutz

Die oft enge Bindung von Schmetterlingen an einen bestimmten Lebensraum hat Konsequenzen für die Bemühungen zum Schmetterlingsschutz. Die Artenvielfalt der heimischen Falter zu erhalten kann nämlich nur gelingen, wenn auch die Landschaften in ihrer ursprünglichen Vielfalt bewahrt bleiben. Hochmoore und Streuwiesen, Feldhecken und »Unkraut«-Bestände sind unverzichtbare Elemente für eine schmetterlingsreiche Landschaft. Naturnah gestaltete Gärten schaffen den anmutigen Tieren zusätzlichen Lebensraum.

Gebirge

Eine Reihe alpiner Schmetterlingsarten kommt im Hochgebirge bis weit über die Waldgrenze hinaus vor. So zarte Geschöpfe wie etwa den abgebildeten Veilchenscheckenfalter im rauen Klima des Gebirges anzutreffen versetzt Bergwanderer immer wieder in Staunen.

Moore

Moorgebiete, allen voran die Niedermoore, weisen einen großen Reichtum an Schmetterlingen auf. Leider verschwinden gerade die Moore zunehmend aus unseren Landschaften – und mit ihnen ihre charakteristischen Falter, etwa der Mädesüß-Perlmutterfalter (Bild).

Jedem der passende Lebensraum

Garten
Blumen-, kräuter- und gehölzreiche Gärten und Parks können ein wahrer Tummelplatz für Schmetterlinge sein. Sie werden unter anderem vom Kleinen Fuchs (Bild), aber ebenso vom Tagpfauenauge, Zitronenfalter, Kohlweißling oder Distelfalter belebt.

Wald
Die meisten Falter meiden den geschlossenen Wald, dagegen sind strauchbestandene Waldränder und Lichtungen die Heimat vieler Schmetterlingsarten, z. B. des Großen Schillerfalters (Bild). Auch entlang von Waldwegen kann man oft Falter beobachten.

Mähwiesen und Weiden
Grünflächen mit großer Blumenvielfalt gehören zu den bevorzugten Lebensräumen vieler Schmetterlingsarten, z. B. des abgebildeten Hauhechelbläulings. Je stärker die Grünflächen allerdings gedüngt und je öfter sie gemäht werden, umso weniger Falter finden sich darauf.

Trockenrasen
Nicht allein der hier abgebildete Himmelblaue Bläuling, sondern auch viele andere besonders wärmeliebende Arten von Schmetterlingen leben bevorzugt an trockenen Hängen mit niedrigem Graswuchs, in Heidegebieten oder an sonnigen Bahn- und Straßenböschungen.

Schmetterlinge bestimmen

Flügel weiß

Apollofalter
Parnassius apollo

Aussehen: Mit einer Spannweite von 6,5–8 cm gehört der Apollofalter zu den größten heimischen Tagfaltern. Seine Flügel sind am Rand mehr oder weniger transparent. Die zahlreichen regionalen Formen unterscheiden sich hauptsächlich in der Größe und Beschuppung sowie in der Ausprägung der roten Augenflecken.

Vorkommen: Der seltene, nur lokal im Bergland auftretende Falter ist vor allem an felsigen Hängen und Geröllfeldern bis in über 2000 m Höhe anzutreffen.

Flugzeiten: Von Anfang Mai bis Ende September in nur einer Generation.

Lebensweise: Der große Falter fliegt langsam und flatternd, gaukelnd oder ohne Flügelschlag segelnd. Zur Nahrungsaufnahme besucht er Blüten, auf denen er auch oft übernachtet. Das Weibchen heftet seine Eier einzeln an die Raupenfutterpflanzen oder an Steine und Halme in deren unmittelbarer Nähe.

Raupe: Die kurz behaarte, schwarze Raupe trägt kleine, stahlblaue Warzen sowie an den Seiten je eine orangefarbene Fleckenreihe. Die zuerst gesellig, später dann einzeln lebende Raupe frisst tagsüber, sogar in voller Sonnenhitze, an Weißer und Großer Fetthenne. Wenn sie schließlich ausgewachsen ist, verpuppt sie sich in einem feinen Gespinst auf dem Boden, unter Moos oder Steinen, zu einer gedrungenen, bläulich weiß bereiften Puppe.

Überwinterung: Als Ei, in dem die Raupe bereits fertig entwickelt und zum Schlüpfen bereit ist.

> **Bestimmungstipp:** Die Geschlechter lassen sich beim Apollofalter am Hinterleib unterscheiden: Beim Männchen (großes Bild) ist dieser stark, beim Weibchen nur spärlich oder gar nicht behaart.

Auch auf der Unterseite der Hinterflügel finden sich beim Apollofalter markante rote Augenflecken, teilweise mit einem weißen Kern.

Flügel weiß

Hochalpenapollo
Parnassius phoebus

Aussehen: Mit einer Spannweite von 6–7 cm ist der auffällige Tagfalter ein wenig kleiner als der Apollofalter, dem er ansonsten sehr ähnlich sieht. Zumeist trägt der Hochalpenapollo allerdings nicht nur auf den Hinterflügeln, sondern auch auf den Vorderflügeln rote, schwarz gerandete Flecken.

Vorkommen: Der Hochalpenapollo kommt in Europa nur in den Alpen vor, und zwar in Höhen zwischen 1500 und 2600 m. Bevorzugt hält er sich in der Nähe von Bächen und nassen Geländestellen auf.

Flugzeiten: Von Ende Juni bis Anfang September in nur einer Generation.

Lebensweise: Wie der Apollofalter fliegt der Hochalpenapollo langsam flatternd, gaukelnd oder segelnd. Er besucht Blüten, um den Nektar aufzunehmen. Insbesondere vormittags fliegen die Männchen oft rastlos an Bachläufen entlang, um paarungsbereite Weibchen aufzuspüren. Die Weibchen heften ihre Eier einzeln an die Raupenfutterpflanze oder an Gegenstände in deren unmittelbarer Nähe.

Raupe: Die schwarze, kurz behaarte Raupe trägt an den Seiten je eine gelbe bis orangerote Fleckenreihe. Sie ernährt sich ausschließlich von Fetthennen-Steinbrech. Zur Verpuppung fertigt sie sich am Boden ein dichtes Gespinst, in dem sie sich zu einer gedrungenen, braunen Puppe wandelt.

Überwinterung: Als Ei, in dem die Raupe bereits vollständig entwickelt und zum Schlüpfen bereit ist.

Bestimmungstipp: Vom Apollofalter, der teilweise im gleichen Lebensraum vorkommt, lässt sich der Hochalpenapollo vor allem durch die roten Flecken auf den Vorderflügeln unterscheiden.

Beim Männchen des Hochalpenapollos (Bild) ist die Grundfärbung meist etwas stärker gelblich als beim Weibchen (großes Bild).

Flügel weiß

Tintenfleckweißling, Senfweißling
Leptidea sinapis

Aussehen: Spannweite 3,5–4,2 cm. Während die Weibchen dieses zart wirkenden Tagfalters beinahe rein weiße Flügeloberseiten haben, tragen die Männchen dort einen grauen bis schwarzen Fleck an der Spitze der Vorderflügel. Die Flügelunterseiten sind größtenteils schwach grau überstäubt.

Vorkommen: Der in Mitteleuropa weit verbreitete Falter kommt vor allem auf Magerwiesen und Trockenrasen vor, doch auch an sonnigen Waldrändern sowie in Auen und Parks. Im Gebirge kann man ihn bis in 2000 m Höhe antreffen.

Flugzeiten: Von Anfang April bis Ende Oktober in 2 bis 3 Generationen; in höheren Lagen fliegt nur eine Generation im Juli/August.

Lebensweise: Mit langsamem, flatterndem Flug besucht der Weißling Blüten, um Nektar zu saugen. Die Eier werden vom Weibchen einzeln an die Blattunterseiten der Raupenfutterpflanzen geklebt.

Raupe: Die hellgrüne, kurz behaarte Raupe weist an den Körperseiten einen dünnen, gelblich weißen Längsstreifen, am Rücken einen ebenso dünnen dunkelgrünen Streifen auf. Sie lebt vor allem auf Wiesenplatterbse, aber auch auf Bergplatterbse, Gewöhnlichem Hornklee, Bunter Kronwicke und anderen Schmetterlingsblütlern. Am Ende ihrer Raupenzeit verpuppt sie sich, am Stängel der Nahrungspflanze befestigt, zu einer schlanken, blassgrünen Gürtelpuppe.

Überwinterung: Als Puppe.

> **Bestimmungstipp:**
> Von den Kohlweißlingen unterscheidet sich der Tintenfleckweißling nicht nur durch seine geringere Größe, sondern auch durch die schmaleren, außen stärker gerundeten Flügel.

Tintenfleckweißlinge sitzen stets mit geschlossenen Flügeln.

Flügel weiß

Baumweißling
Aporia crataegi

Aussehen: Die weißen, beinahe transparenten Flügel des großen Tagfalters haben eine Spannweite von 6–7 cm. Ober- wie unterseits treten die Adern auffällig schwarz hervor.

Vorkommen: Man trifft den Baumweißling in offenem Gelände und ebenso in Auen, lichten Wäldern und gehölzreichen Moorgebieten an. Im Bergland kommt er bis in über 1600 m Höhe vor. Er kann lokal in großer Zahl auftreten, dann wieder jahrelang völlig ausbleiben.

Flugzeiten: Von Mitte Mai bis Ende Juli in nur einer Generation.

Lebensweise: Baumweißlinge sind kraftvolle und ausdauernde Flieger. Sie ernähren sich von Blütennektar. Die Männchen vollführen auffällig flatternde Balzflüge. Die Weibchen setzen ihre leuchtend gelben Eier in dichten Gelegen auf der Blattoberfläche eines Raupenfuttergehölzes ab.

Raupe: Die schlanken, dicht behaarten Raupen sind zunächst dunkelbraun, später schwarz mit dottergelben Längsstreifen. Sie leben gesellig auf Weißdorn, Schlehe und Eberesche, seltener auch auf verschiedenen Obstbäumen und anderen Laubgehölzen. Ausgewachsen verpuppen sie sich, zumeist am Stamm oder an dicken Ästen ihres Futtergehölzes, zu gelben, schwarz getupften Gürtelpuppen.

Überwinterung: Als Jungraupen in einem gemeinsamen Gespinstnest zwischen zusammengesponnenen Blättern des Futterstrauchs oder -baums.

Bestimmungstipp: Die auffälligen schwarzen Adern auf den großen Flügeln machen den Baumweißling unverwechselbar.

Gleich nach dem Schlüpfen fertigen sich die jungen Raupen des Baumweißlings ein gemeinsames Gespinst, in dem sie vor Kälte, Regen und Sonne geschützt sind.

Flügel weiß

Großer Kohlweißling
Pieris brassicae

Aussehen: Spannweite 5,3–6,5 cm. Die Vorderflügel des weißen Tagfalters tragen oberseits schwarze Spitzen und beim Weibchen zwei schwarze Flecken, unterseits bei beiden Geschlechtern je zwei schwarze Flecken. Die oberseits weißen Hinterflügel hingegen sind auf ihrer Unterseite blass gelblich gefärbt.

Vorkommen: Der von der Meeresküste bis zum Hochgebirge verbreitete Schmetterling bevorzugt freie Flächen, im Gebirge trifft man ihn noch in 2000 m Höhe an. Als Kulturfolger hält er sich auch in Gärten und Parks, auf Wiesen und Äckern auf.

Flugzeiten: Von Anfang April bis Oktober in 2–3 Generationen.

Lebensweise: Die Falter ernähren sich von Blütennektar, wobei sie besonders gern rot- bis blauviolette Blüten anfliegen. Das Weibchen heftet seine goldgelben Eier in dichten Gruppen auf die Blattunterseiten von Raupenfutterpflanzen.

Raupe: Die schlanke, gelblich grüne Raupe trägt zahlreiche unterschiedlich große schwarze Flecken sowie gelbe Längsstreifen auf Rücken und Seite. Sie lebt vor allem an verschiedenen Kohlarten, aber auch auf Kapuzinerkresse, Hederich, Senf und anderen Pflanzen. Die ausgewachsene Raupe verpuppt sich schließlich an der Futterpflanze oder in deren Nähe, oft auch in Mauerritzen und Gebäudewinkeln, zu einer gelbgrünen Gürtelpuppe mit schwarzem Punktemuster.

Überwinterung: Als Puppe.

> **Bestimmungstipp:** Die schwarze Fleckenzeichnung ist beim Großen Kohlweißling kräftiger ausgeprägt als beim Kleinen.

Anders als das Männchen trägt das Weibchen des Großen Kohlweißlings auch auf der Oberseite der Vorderflügel je zwei schwarze Flecken.

Flügel weiß

Kleiner Kohlweißling
Pieris rapae

Aussehen: Spannweite 4–5,2 cm. Abgesehen von seiner geringeren Größe ist der Kleine Kohlweißling dem Großen Kohlweißling recht ähnlich. Das Männchen (großes Bild) trägt jedoch auf der Ober- und Unterseite der Vorderflügel einen dunklen Fleck, dessen Intensität stark schwankt.

Vorkommen: Der weit verbreitete Tagfalter ist ein Bewohner offener Flächen. In erster Linie kommt er in Kulturland mit Äckern und Gärten vor, aber auch auf Brachflächen, an Wegrändern, Böschungen und Bahndämmen. Im Gebirge ist er bis in 2000 m Höhe anzutreffen.

Flugzeiten: Von Mitte März bis Oktober in 2–4 Generationen.

Lebensweise: Der Falter ernährt sich vom Nektar der verschiedensten Blumen, saugt aber auch gern an feuchter Erde. Während er tagsüber seine Flügel im Sitzen stets geschlossen hält, öffnet er sie abends oft gegen die Sonne, um zusätzlich Wärme aufzunehmen und so seine tägliche Aktivitätszeit noch zu verlängern. Das Weibchen legt die grünlich gelben Eier einzeln an die Blätter von Raupenfutterpflanzen.

Raupe: Die hellgrüne, kurz behaarte Raupe weist an den Seiten eine Reihe gelber Punkte auf. Ausgewachsene Exemplare tragen zudem einen schmalen gelben Längsstreifen auf dem Rücken. Die Verpuppung zu einer grünlich grauen Gürtelpuppe erfolgt an der Futterpflanze oder in deren Nähe.

Überwinterung: Als Puppe.

> **Bestimmungstipp:** Vom ähnlichen Grünaderweißling ist der Kleine Kohlweißling vor allem an seiner Flügelunterseite zu unterscheiden, an der sich die Äderung nicht farblich abzeichnet.

In der ersten Schmetterlingsgeneration des Jahres frisst die Raupe des Kleinen Kohlweißlings an Raps, Ackersenf, Hederich und anderen Pflanzen, ab der zweiten Generation vorzugsweise an Kohlarten.

Flügel weiß

Grünaderweißling, Rapsweißling, Heckenweißling
Pieris napi

Aussehen: Spannweite 4–4,6 cm. Auf der Oberseite der Vorderflügel weist der Tagfalter neben einer grauen oder schwarzen Spitze meist einen (Männchen) oder zwei (Weibchen, großes Bild) schwarze Flecken auf.

Vorkommen: Der weit verbreitete Schmetterling kommt vor allem auf Waldlichtungen und hellen Waldwegen, an buschigen Hängen und in Niedermooren, aber auch in Gärten, an Böschungen und Feldrainen vor, nicht selten in großer Zahl. Im Bergland trifft man ihn bis in 2000 m Höhe an.

Flugzeiten: Von Mitte März bis Oktober in 2–3 Generationen; in höheren Lagen oft nur eine Generation.

Lebensweise: Der flugtüchtige Falter ernährt sich von Blütennektar, saugt aber auch häufig an nasser Erde. Das Weibchen heftet seine grünlichen, spindelförmigen Eier einzeln oder in kleinen Grüppchen an die Blattunterseiten von Raupenfutterpflanzen.

Raupe: Die schlanke, grüne Raupe ist kurz behaart, fein schwarz gepunktet und hat gelb umrandete Atemöffnungen. Sie lebt auf Wiesenschaumkraut, Ackersenf und anderen Kreuzblütlern, jedoch nur selten auf Kulturpflanzen wie Raps. Die ausgewachsene Raupe verpuppt sich an einem Pflanzenstängel zu einer grünlich gelben, schwarz gefleckten Gürtelpuppe.

Überwinterung: Als Puppe. Anders als die Sommerpuppen sind überwinternde Puppen weißlich gefärbt und kaum gezeichnet.

> **Bestimmungstipp:**
> Auf der Flügeloberseite ähnelt der Falter sehr dem Kleinen Kohlweißling, an der farbigen Äderung der Flügelunterseite lässt sich der Grünaderweißling jedoch zweifelsfrei unterscheiden.

Typisches und namengebendes Merkmal des Grünaderweißlings sind die graugrün bestäubten Adern auf der Unterseite der Flügel.

Flügel weiß

Bergweißling
Pieris bryoniae

Aussehen: Spannweite rund 4,5 cm. Während die weißen Flügel des Männchens zartgrau geädert sind, präsentiert sich das Weibchen (großes Bild) vorwiegend gelblich grau mit breiten, dunkelgrau oder -braun bestäubten Adern, bisweilen auch mit gänzlich grauen oder braunen Flügeln.

Vorkommen: Der seltene Tagfalter kommt nur inselartig verbreitet in den Alpen und einigen anderen europäischen Gebirgen vor. Sein Lebensraum sind Almwiesen, Weiden, lichter Bergwald und alpine Matten zwischen 800 und 2000 m Höhe.

Flugzeiten: Von Anfang Mai bis Ende August in 1–2 Generationen.

Lebensweise: Der flinke, flugtüchtige Schmetterling besucht Blüten, um Nektar zu saugen, wobei er nicht sehr wählerisch ist. Sogar die tiefen, schwer zugänglichen Blütenkelche der Alpenrose fliegt er an. Im Zuge der Eiablage legt das Weibchen oft weite Strecken zurück. Die grünlichen Eier werden einzeln an die Raupenfutterpflanzen geheftet.

Raupe: Die schlanke, mattgrüne Raupe trägt zahlreiche kleine, schwarz behaarte Warzen. Sie lebt auf verschiedenen alpinen Blütenpflanzen wie Brillenschötchen, Hellerkraut- oder Schaumkrautarten. Die ausgewachsene Raupe verpuppt sich an einem Stängel zu einer grünen Gürtelpuppe, die kurz vor dem Schlüpfen des Falters rote Flügelscheiden aufweist.

Überwinterung: Als Puppe.

Bestimmungstipp: Aufgrund seines isolierten Vorkommens bildet der Bergweißling mehrere Unterarten, die sich vor allem in der mehr oder weniger dunklen Färbung des Weibchens unterscheiden.

Das Männchen des Bergweißlings hat große Ähnlichkeit mit dem des Grünaderweißlings.

Flügel weiß

Alpenweißling
Pontia callidice

Bestimmungstipp: An den eher länglichen, graugrünen Flecken auf der Unterseite der Hinterflügel lässt sich der Alpenweißling leicht vom Resedafalter unterscheiden, der zudem nur selten im Hochgebirge auftritt.

Aussehen: Spannweite 4,2–5,2 cm. Die schwarze Flügelzeichnung dieses Tagfalters fällt beim Männchen (großes Bild) meist deutlich geringer aus als beim Weibchen, das aufgrund seiner ausgedehnten Flecken ziemlich dunkel erscheint.

Vorkommen: Der Alpenweißling ist ein Bewohner der Mattenregion im Hochgebirge. Er kommt erst oberhalb von etwa 1500 m und noch in Höhen von 3400 m vor.

Flugzeiten: Von Anfang Juni bis August, in zumeist einer, manchmal auch zwei Generationen.

Lebensweise: Die Männchen fallen auf, wenn sie auf der Suche nach Weibchen in sehr raschem Flug über Grate und durch Kare jagen. Die weniger flugaktiven Weibchen legen ihre Eier einzeln an Stängel, Blätter oder Blütenknospen der Raupenfutterpflanzen.

Raupe: Die blauschwarze, kurz behaarte Raupe trägt Längsreihen leuchtend gelber Flecken. Sie frisst an Alpenschaumkraut, Alpengämskresse und anderen alpinen Kreuzblütlern. Meist sitzt sie am Boden und nagt die Grundblätter der Pflanzen ab. Nachts und bei schlechtem Wetter versammeln sich die Raupen gern unter Steinen. Die Verpuppung erfolgt am Boden, zumeist unter Steinen, wo die steingraue, dunkel punktierte Puppe gut getarnt ist.

Überwinterung: Normalerweise überwintert die Puppe. Falls im Spätsommer eine zweite Generation zustande kommt, kann auch die Raupe, am Boden verborgen, den Winter überstehen.

Auf der Flügelunterseite des Alpenweißlings bilden olivgrau überstäubte Adern ein zartes Muster.

Flügel weiß

Resedafalter
Pontia daplidice

Aussehen: Spannweite 3,5–4,8 cm. Die Oberseite der Flügel weist braune bis schwarze Flecken auf, die beim Weibchen (großes Bild) in der Regel nicht nur größer, sondern auch dunkler sind als beim Männchen.

Vorkommen: Der in Südeuropa beheimatete Tagfalter gelangt als Wanderfalter auch in Gebiete nördlich der Alpen. Er tritt hier jedoch nur lokal begrenzt, zumeist in klimatisch besonders begünstigten Regionen, sowie in stark wechselnder Häufigkeit auf. Als Lebensraum bevorzugt er trockenes, sonniges, oft steiniges oder sandiges Ödland. Im Gebirge kann man ihn bis in etwa 2000 m Höhe antreffen.

Flugzeiten: Von Anfang April bis Mitte Oktober in 2 bis 3 Generationen.

Lebensweise: Der Resedafalter fliegt sehr rasch und meist niedrig über dem Boden. In manchen Jahren wandert er über weite Strecken nordwärts. Die Eiablage erfolgt einzeln an den Blüten und Blättern der Raupenfutterpflanzen.

Raupe: Die schlanke, kurz behaarte Raupe ist zunächst grün, später grünlich grau und gelb längs gestreift und übersät mit vielen kleinen, schwarzen Punktwarzen. Sie lebt auf Reseda-Arten, Weißem Senf, Steinkraut und anderen Kreuzblütlern. Am Ende der Raupenzeit verpuppt sie sich an der Futterpflanze zu einer grünen Gürtelpuppe.

Überwinterung: Als Puppe, die jedoch im Gegensatz zu den Sommerpuppen braun gefärbt ist.

> **Bestimmungstipp:** Die dunklen Flügelspitzen sind beim Resedafalter stets von weißen Partien durchsetzt.

Die Unterseiten der Hinterflügel sind beim Resedafalter graugrün gefleckt, die Vorderflügel tragen neben einigen grünlichen auch einen mehr oder weniger schwärzlichen Fleck.

Flügel weiß

Aurorafalter
Anthocaris cardamines

Aussehen: Spannweite 3,5–4,5 cm. Das Männchen ist dank seiner orangefarbenen Vorderflügelhälften unverwechselbar. Auf der Unterseite der Hinterflügel breiten sich gelbgrüne Flecken aus.

Vorkommen: Der weit verbreitete Tagfalter kommt in allen naturnahen Lebensräumen vor, im Bergland bis in 2000 m Höhe. Vor allem findet man ihn in lichten, luftfeuchten Wäldern, an Waldrändern und auf feuchten, blumenreichen Wiesen.

Flugzeiten: Von Ende März bis Ende Juli in nur einer Generation.

Lebensweise: Der Aurorafalter ist ein eifriger Blütenbesucher. Wenn er mit zusammengeklappten Flügeln ruht, sorgt seine marmorierte Unterseite für eine gute Tarnung. Das paarungsbereite Weibchen erwartet ein Männchen, indem es mit halb aufgeklappten Flügeln auf dem Boden sitzt. Die zunächst weißen, sich später rot verfärbenden Eier werden vom Weibchen einzeln an Stängel und Blütenknospen der Raupenfutterpflanzen geheftet.

Raupe: Die schlanke, blaugrüne, an den Seiten hellere Raupe lebt auf Wiesenschaumkraut, Knoblauchsrauke, Turmkraut und anderen Kreuzblütlern, deren Blüten und Samenkapseln sie frisst. Die ausgewachsene Raupe verpuppt sich an einem Pflanzenstängel nahe dem Boden zu einer schlanken, sichelförmig gebogenen, bräunlichen Gürtelpuppe.

Überwinterung: Als Puppe, zuweilen sogar zweimal.

> **Bestimmungstipp:** Durch die lebhafte Marmorierung der Flügelunterseite unterscheidet sich das Weibchen des Aurorafalters vom Männchen des Kleinen Kohlweißlings.

Dem Weibchen fehlt die orangegelbe Färbung an den Vorderflügeln, die das Männchen des Aurorafalters so auffällig macht.

Flügel weiß

Schachbrett, Damenbrett
Melanargia (Agapetes) galathea

Aussehen: Der kontrastreich gezeichnete Tagfalter hat eine Spannweite von 4–5 cm. Seine Namen verdankt er der schwarzweißen Musterung seiner Flügeloberseiten, die an ein Spielbrett erinnert.

Vorkommen: Auf Magerrasen und ungedüngten Wiesen, an ungemähten Bahndämmen und Böschungen sowie trockenen Waldrändern ist das Schachbrett noch regelmäßig anzutreffen, von den Niederungen bis in über 1800 m Höhe.

Flugzeiten: Von Ende Mai bis Anfang September in nur einer Generation.

Lebensweise: Der Falter besucht Blüten zur Nahrungsaufnahme, besonders gern Korbblütler wie Ackerwitwenblumen, Flockenblumen oder Disteln. Schon am frühen Morgen ist das Männchen im Tiefflug knapp über dem Gras unterwegs auf der Suche nach paarungsbereiten Weibchen. Zur Eiablage setzt sich das Weibchen an hohe Grashalme und lässt jeweils ein Ei auf den Boden fallen.

Raupe: Die kurz behaarte Raupe ist entweder hellgrün oder gelblich braun, hat aber in jedem Fall einen rotbraunen Kopf. Hauptsächlich frisst sie an Aufrechter Trespe, aber auch an vielen anderen Grasarten. Am Ende ihrer Raupenzeit verpuppt sie sich am Boden, meist inmitten eines Grasbüschels, zu einer dicken, ockerbraunen Puppe.

Überwinterung: Als frisch geschlüpfte Raupe oder nach der ersten Häutung am Boden zwischen Gräsern.

Bestimmungstipp: Das Schachbrett ist in Mitteleuropa unverwechselbar. Nur in Südeuropa kommen ähnliche Arten vor.

Die zarte Felderung der Flügelunterseiten ist beim Schachbrett-Männchen (Bild) in Graugrün und Weiß gehalten, beim Weibchen hingegen in Ockergelb.

Flügel weiß

Harlekin, Stachelbeerspanner
Abraxas grossulariata

Aussehen: Der auffällige Nachtfalter hat eine Flügelspannweite von 4,5–5 cm. Schwarze Fleckenreihen und dottergelbe bis rostbraune Streifen geben seinen weißen Flügeln ein unverwechselbares Aussehen.

Vorkommen: Der bunte Schmetterling ist nur gebietsweise zu finden und auch in den Verbreitungsräumen recht selten. Im Norden Deutschlands kommt er häufiger vor als im Süden, im Bergland trifft man ihn bis in 1600 m Höhe an. Sein Lebensraum sind feuchte Wälder und Waldränder, Auen, Heckenlandschaften, Parks und Gärten.

Flugzeiten: Von Mitte Mai bis September in nur einer Generation.

Lebensweise: Die Falter sind vorwiegend dämmerungs- und nachtaktiv, manchmal sieht man sie aber auch bei Tage um Hecken und Sträucher fliegen. Meist sitzen sie tagsüber jedoch an den Blättern von Laubgehölzen. Das Weibchen heftet seine Eier in Grüppchen an die Blattunterseiten einer Raupenfutterpflanze.

Raupe: Die spärlich und kurz behaarte Raupe ist ebenso bunt wie der Falter. Sie lebt an Traubenkirsche, Hasel, Schlehe und anderen Laubholzarten, im Garten auch an Stachelbeere und Johannisbeere. Die ausgewachsene Raupe verpuppt sich schließlich zwischen zusammengesponnenen Blättern zu einer glänzend dunkelbraunen, gelb geringelten Puppe.

Überwinterung: Als halb ausgewachsene Raupe in der Laubstreu am Boden.

Bestimmungstipp: Der Harlekin ist eine überaus veränderliche Art. Vor allem die Ausdehnung der schwarzen Flecken fällt sehr unterschiedlich aus, sodass sowohl besonders helle als auch besonders dunkle Tiere vorkommen.

Die schwarzweiße Raupe des Harlekins trägt rostbraune Seitenstreifen. In typischer Manier der Spannerraupen bewegt sie sich buckelnd fort.

Flügel weiß

Der etwas größere und bei flüchtigem Hinsehen recht ähnliche Brombeer-Schattenspanner *(Mesoleuca albicillata)* bevorzugt Brombeere und Himbeere als Raupenfutterpflanzen.

Schwarzfleckenspanner, Schwarzrandspanner

Lomaspilis marginata

Aussehen: Spannweite 2 – 2,5 cm. Die Ausdehnung der schwarzen Flecken und des breiten schwarzen Saums der Flügel variiert sehr stark. Typischerweise ist jedoch die schwarze Randbinde am Vorderrand der Vorderflügel an zwei Stellen schmal unterbrochen.

Vorkommen: Der kleine Nachtfalter ist vor allem in feuchteren Wäldern verbreitet, ebenso in Moorgebieten, Flussauen und Parkanlagen. Im Bergland tritt er bis in 1700 m Höhe auf.

Flugzeiten: Von Ende April bis Ende August in gewöhnlich zwei Generationen, in höheren Lagen in nur einer Generation.

Lebensweise: Wenngleich die Falter überwiegend nachts aktiv sind, kann man ihren gaukelnden Flug durchs Unterholz oder entlang von Waldwegen gelegentlich auch am Tage beobachten. Zumeist ruhen sie jedoch tagsüber auf Laubbäumen, Sträuchern oder Stauden, mit ausgebreiteten Flügeln flach an Blattober- oder -unterseiten angeschmiegt.

Raupe: Die schlanke, unbehaarte Raupe ist dunkelgrün und durch feine dunkle Rückenlinien und weißliche Seitenstreifen gekennzeichnet. Sie lebt und frisst an Weide, Zitterpappel, Birke und anderen Laubholzarten. Die Verpuppung erfolgt in der Bodenstreu, die Puppe ist dunkel rotbraun gefärbt und von kurzer, gedrungener Gestalt.

Überwinterung: Als Puppe.

> **Bestimmungstipp:** Obwohl die Ausprägung der schwarzen Flügelflecken und der Randbinde sehr unterschiedlich ausfällt, kann man den Schwarzfleckenspanner kaum verwechseln: Am vorderen Rand der Vorderflügel ist der schwarze Saum stets zweimal unterbrochen.

Flügel weiß

Schwarzaderspanner, Linienspanner
Siona lineata

Bestimmungstipp: Schwarzaderspanner sitzen zum Ruhen gern an Grashalmen, wo sie aufgrund ihrer Größe und Färbung schon von weitem auffallen.

Aussehen: Spannweite 3,8–4,3 cm. Von oben gesehen präsentiert sich der Nachtfalter in reinem Weiß, seine Flügel zeigen zudem einen seidigen Glanz. Die Flügelunterseiten tragen eine feine schwarze Äderung.

Vorkommen: Zwar weit verbreitet, tritt diese Spannerart doch nur sehr lokal auf. Ihr Lebensraum sind Wald- und Moorwiesen, Waldränder und Bachufer, aber auch Trockenrasen und Bergwiesen. Im Gebirge kommt sie bis in 2000 m Höhe vor.

Flugzeiten: Von Mitte Mai bis Mitte Juli in nur einer Generation.

Lebensweise: Der Schwarzaderspanner ist gleichermaßen tag- wie nachtaktiv. Bei Sonnenschein fliegt er von Blüte zu Blüte, um Nektar zu saugen. Die überwiegende Zeit aber sitzt er tagsüber ruhend in der Wiesenvegetation. Aufgescheucht fliegt er gewöhnlich nur eine kurze Strecke, bevor er sich wieder niederlässt. Das Weibchen klebt seine Eier in säuberlichen Reihen an die Raupenfutterpflanzen.

Raupe: Die hell graubraune, am Rücken borstig behaarte Raupe ist mit feinen Wellenlinien, dunklem Rücken- und gelblichen Seitenstreifen gezeichnet. Sie ernährt sich in erster Linie von Johanniskraut, frisst aber auch z. B. an Besenginster und anderen Pflanzen. Ausgewachsen verpuppt sie sich in einem dichten, weißen, spindelförmigen Kokon, der gewöhnlich an Gräsern befestigt ist.

Überwinterung: Als Raupe am Boden.

Die schwarzen Adern auf der Flügelunterseite sind nicht nur kennzeichnend, sondern auch namengebend für die Art.

Flügel weiß

Birkenspanner
Biston betularia

Aussehen: Spannweite 4,5–5 cm. Die in ihrer Grundfärbung weißen Flügel dieses Nachtfalters sind mehr oder weniger dicht schwarz gesprenkelt. Die Dunkelfärbung kann so ausgeprägt sein, dass nur noch sehr wenige oder gar keine weißen Flecken mehr übrig bleiben.

Vorkommen: Der weit verbreitete Schmetterling ist nicht nur in Laub- und Mischwäldern, Moorgebieten und Ufergehölzen anzutreffen, sondern vielfach auch in Parks und Gärten. Im Bergland lebt er bis in 2000 m Höhe.

Flugzeiten: Von Anfang Mai bis Anfang August in einer Generation. In den Südalpen kommt es oft zu einer zweiten Generation, deren Falter bis Oktober fliegen.

Lebensweise: Gewöhnlich ruht der nachtaktive Falter tagsüber an einem Birkenstamm oder an der meist flechtenbewachsenen Rinde anderer Bäume.

Raupe: Die sehr schlanken, bis zu 5 cm langen Raupen sind in der Färbung überaus variabel, von rindenbraun oder grau über grünlich bis rotbraun. Auffällig ist ihre große, zweispitzige Kopfkapsel. Die Raupe lebt vor allem auf Birke, aber auch z. B. auf Brombeere und anderen Laubholzarten. Sie verpuppt sich ohne Gespinst am Boden zu einer walzenförmigen, dunkelbraunen Puppe.

Überwinterung: Als Puppe.

Besonderes: In Industriegebieten mit rußgeschwärzten und flechtenlosen Baumstämmen treten besonders viele Falter der dunklen Form auf, die dort bei ihrer Tagesruhe besser getarnt sind und folglich höhere Überlebenschancen haben.

Eine Birkenspannerraupe frisst gewöhnlich nachts. Den Tag verbringt sie in starrer Haltung, wobei sie einem Zweig täuschend ähnlich sieht.

Flügel weiß

Großer Gabelschwanz
Cerura vinula

Aussehen: Spannweite 4,5–5 cm. Die hellgrauen Vorderflügel tragen ein dichtes Muster aus feinen, schwarzen Zickzacklinien und Punkten. Die Hinterflügel sind beim Männchen (großes Bild) hellgrau, beim Weibchen dunkler grau.

Vorkommen: Der Nachtfalter bewohnt lichte Wälder, Waldränder, Flussauen und offenes Buschland, ebenso Parks und Alleen. Im Gebirge kommt er bis in Höhen von etwa 2000 m vor.

Flugzeiten: Von Mitte April bis Ende Juli in nur einer Generation.

Lebensweise: Der Große Gabelschwanz ist eine nachtaktive Art, die tagsüber meist an Baumstämmen, gelegentlich auch an Holzpfosten oder Hauswänden ruht. Im Sitzen strecken die Falter ihre stark behaarten Vorderbeine meist weit nach vorn aus. Das Weibchen legt seine rotbraunen Eier fast immer paarweise auf die Blattoberseiten der Raupenfutterpflanzen.

Raupe: Die dicke, hellgrüne Raupe zeichnet sich durch eine schwärzliche, sattelförmige Zeichnung auf dem Rücken aus. Ihr Hinterende ist zu einer langen Schwanzgabel ausgezogen, die für die Art namengebend war. Als Futterpflanzen dienen Zitterpappel (Espe) und andere Pappelarten sowie Weiden. Die verpuppungsreife Raupe fertigt, zumeist am Baumstamm, aus abgenagten Holzspänen einen stabilen, eiförmigen Kokon, in dem sie sich zu einer schwarzbraunen Puppe wandelt.

Überwinterung: Als Puppe in ihrem Holzkokon.

Bei drohender Gefahr versucht die Raupe, den Angreifer einzuschüchtern: Die abschreckende Gesichtsmaske entsteht, indem sie den Kopf in das erste Brustsegment zurückzieht. Zusätzlich spritzt sie aus einer Wehrdrüse am Kopf ein ätzendes, Ameisensäure enthaltendes Sekret aus.

Flügel weiß

Breitflügeliger Fleckleibbär, Weiße Tigermotte, Weißer Tigerbär
Spilosoma lubricipeda

<u>Aussehen</u>: Spannweite 3,5–4 cm. Einzelne schwarze Punkte zieren die weißen, seidig glänzenden Flügel dieses Nachtfalters. Erst wenn er seine Flügel öffnet, ist erkennbar, warum er auch oft als »Tiger« bezeichnet wird: Sein leuchtend gelber Hinterleib trägt eine schwarze Fleckenreihe entlang der Rückenmitte.

<u>Vorkommen</u>: Der weit verbreitete Schmetterling lebt in Wäldern und Mooren ebenso wie auf buschreichem Brachland, in den Bergen bis in 1600 m Höhe. Auch in Parks und Gärten kommt er nicht selten vor.

<u>Flugzeiten</u>: Von Ende April bis Ende August in 1–2 Generationen.

<u>Lebensweise</u>: Der Breitflügelige Fleckleibbär ist eine ausschließlich nachts aktive Art. Tagsüber sieht man ihn gelegentlich auf Pflanzen sitzen. Er nimmt als Falter keine Nahrung mehr zu sich, da sein Saugrüssel verkümmert ist. Das Weibchen legt seine Eier in großen Gruppen an die Blätter der Raupenfutterpflanzen.

<u>Raupe</u>: Lange Haarbüschel lassen die dunkelbraune Raupe dick und pelzig wirken. Kennzeichnend für die Art ist eine rote oder orangefarbene Rückenlinie. Die Raupe ernährt sich von Brennnessel, Löwenzahn und anderen krautigen Pflanzen sowie Sträuchern. Zuletzt verpuppt sie sich in einem lockeren Gespinst am Boden oder in der Krautschicht knapp darüber zu einer gedrungenen, rotbraunen Puppe.

<u>Überwinterung</u>: Als Puppe.

> **Bestimmungstipp:**
> Bei Gefahr lässt sich der Breitflügelige Fleckleibbär fallen und präsentiert mit gekrümmtem Hinterleib seine schwarzgelbe Warnfärbung.

Die pelzige Raupe des Breitflügeligen Fleckleibbären lebt in den ersten Stadien gesellig, später wird sie zum Einzelgänger.

Flügel weiß

> **Bestimmungstipp:** Während das Männchen des Buchenstreckfußes meist nur zwei dünne, dunkle Querlinien auf den Flügeln trägt, weist das Weibchen gewöhnlich eine breite braune Querbinde auf.

Buchenstreckfuß, Rotschwanz
Elkneria (Calliteara) pudibunda

Aussehen: Das Männchen hat eine Spannweite von 4,2–4,8 cm, das Weibchen ist mit 5,6–6,2 cm deutlich größer. Die Grundfärbung des unscheinbaren Nachtfalters variiert von Silbriggrau über Beigefarben bis zu Graubraun. Seine in Ruhestellung meist weit nach vorn ausgestreckten Vorderbeine haben ihm den Namen Streckfuß eingetragen.

Vorkommen: Der sehr verbreitete Schmetterling lebt sowohl in Wäldern, Moorgebieten und Heckenlandschaften als auch in Parks und Gärten, im Bergland bis in etwa 1600 m Höhe.

Flugzeiten: Von Anfang April bis Ende Juli in nur einer Generation.

Lebensweise: Der nachts aktive Falter ruht tagsüber an niedriger Vegetation oder an Baumstämmen. Das Weibchen heftet seine Eier zumeist in flachen Gelegen an die Stämme der Raupenfutterbäume.

Dem roten Haarpinsel am Hinterende der Raupe verdankt der Buchenstreckfuß seinen volkstümlichen Namen Rotschwanz.

Raupe: Vier weißliche oder hellgelbe Haarbürsten stehen auf dem Rücken der grünlich gelben, grauen oder rötlichen, lang behaarten Raupe, ein auffälliger roter Haarpinsel befindet sich am Hinterende. Die farbenfrohe Raupe lebt und frisst vornehmlich an Rotbuchen, aber auch an Weiden, Eichen und anderen Laubbäumen. Zur Verpuppung verlässt sie ihren Futterbaum und fertigt am Boden eine Hülle aus Gespinst, das mit Raupenhaaren vermischt ist. Darin wandelt sie sich zu einer schwarzbraunen Puppe mit gelblicher Behaarung.

Überwinterung: Als Puppe.

Flügel weiß

Nonne
Lymantria monacha

Aussehen: Während das Männchen (im Bild links) eine Spannweite von 3,6–4,2 cm hat, bringt es das größere Weibchen auf 4,5–5 cm. Auf den weißen Vorderflügeln ist ein lebhaftes Muster aus schwarzbraunen Zickzacklinien und Punkten ausgebildet, entlang den grauen oder hellbraunen Hinterflügeln ein schwarz gescheckter Saum.

Vorkommen: Der weit verbreitete Nachtfalter lebt vor allem in Misch- und Nadelwäldern, vom Flachland bis in etwa 1600 m Höhe.

Flugzeiten: Von Ende Juni bis Ende September in einer Generation.

Lebensweise: Nonnenfalter sind nur in der späten Dämmerung und nachts aktiv. Das sehr flugträge Weibchen bleibt zumeist an Baumstämmen oder Ästen sitzen und lockt mit einem speziellen Duftstoff die Männchen an. Später setzt es seine Eier grüppchenweise in Spalten der Rinde, zumeist im unteren Stammbereich, ab.

Raupe: Die graubraun gemusterte, mit langen Haarbüscheln besetzte Raupe weist vor allem als Jungraupe oft einen typischen ovalen weißen Rückenfleck und zwei weiße Flecken seitlich hinter dem Kopf auf. Sie lebt auf verschiedenen Nadel- und Laubholzarten, in deren Kronen sie nachts die Blätter bzw. Nadeln abfrisst. Die Verpuppung erfolgt unter einem dünnen Gespinst am Stamm.

Überwinterung: Als Ei, in dem die kleine Raupe fertig entwickelt und zum Schlüpfen bereit ruht.

Bestimmungstipp: Zunehmend treten Nonnen auf, deren Flügel nicht weiß, sondern bräunlich oder grau bis hin zu fast schwarz sind. Die charakteristische gezackte Bänderung bleibt jedoch meist gut erkennbar.

Die Nonnenraupe ist auf Baumrinde und Zweigen bestens getarnt.

Flügel weiß

Seerosen-Wasserzünsler
Elophila (Nymphula) nymphaeata

Aussehen: Spannweite 2,2–3 cm. Die weißgrundigen Flügel dieses zierlichen Nachtfalters sind mit goldbraunen Ringen, Flecken und Bändern lebhaft gemustert.

Vorkommen: Die in Mitteleuropa weit verbreitete Art ist an Seen, Teichen und kleineren Stillgewässern ebenso zu finden wie an langsam fließenden Gewässern.

Flugzeiten: Von Ende Mai bis Mitte September in 1 bis 2 Generationen.

Lebensweise: Der Wasserzünsler ist in der Abenddämmerung und nachts aktiv. Tagsüber sieht man ihn jedoch nicht selten in Wassernähe in der Vegetation ruhen. Bei einer Störung fliegt er sofort auf, um in einiger Entfernung jedoch gleich wieder im Pflanzenbewuchs Schutz zu suchen. Das Weibchen heftet seine Eier an die Unterseite von Schwimmblättern, indem es vom Blattrand aus seinen Hinterleib ins Wasser eintaucht.

Raupe: Die kleine, bräunliche Raupe lebt unter Wasser. Zunächst frisst sie Gänge in Stängel und Blätter von Schwimmblattpflanzen, z. B. von Seerosen und anderen Wasserpflanzen, vor allem aber von Laichkraut. Nach der zweiten Häutung schneidet sie sich zwei ovale Blattstücke aus, die sie zu einer schützenden Hülle, ähnlich einem Brillenetui, zusammenheftet. In diesem Köcher verpuppt sie sich schließlich auch. Erst der ausgeschlüpfte Falter taucht, von einer Luftblase getragen, zur Wasseroberfläche auf.

Überwinterung: Als Raupe in ihrem Blattköcher am Gewässergrund.

Um zu ruhen, setzt sich der Seerosen-Wasserzünsler gewöhnlich mit dem Kopf nach unten auf Pflanzen.

Flügel weiß

Winden-Federmotte
Pterophorus pentadactyla

Aussehen: Spannweite 2,6–3,4 cm. Charakteristisch für den an Körper und Flügeln schneeweißen Nachtfalter ist die Aufspaltung der Vorderflügel in zwei, der Hinterflügel in drei schmale Lappen, die aufgrund ihrer breiten Fransensäume wie Federn wirken.

Vorkommen: Die in Mitteleuropa weit verbreitete und lokal oft recht häufige Schmetterlingsart lebt auf Brachflächen ebenso wie in Gärten und an anderen Plätzen, an denen die Nahrungspflanzen ihrer Raupen wachsen.

Flugzeiten: Von Mitte Mai bis September in 1–2 Generationen.

Lebensweise: Die außergewöhnliche Federmotte fliegt in der Abenddämmerung und nachts. Tagsüber lebt sie vorwiegend versteckt im Pflanzenbewuchs, ist jedoch leicht aufzuscheuchen. Zuweilen kann man sie aber auch auf der Oberseite von Blättern ruhend beobachten.

Raupe: Die hellgrünen, ziemlich trägen Raupen werden nur etwa 1 cm lang. Sie haben einen gelbbraunen Kopf und sind übersät von bläulichen Warzen, von denen jede ein Haarbüschel trägt. Ihre Nahrungspflanzen sind Ackerwinde und Zaunwinde, an denen sie sich, an einem Gespinstgürtel hängend, schließlich auch verpuppen. Die Puppe ist schlank, grünlich oder weißlich, mit langen weißen Borsten.

Überwinterung: Als halb ausgewachsene Raupe.

Besonderes: Die T-förmige Gestalt der Federmotte wirkt optisch körperauflösend, sodass sie von Feinden weniger leicht wahrgenommen werden kann.

> **Bestimmungstipp:** Aufgrund ihrer schneeweißen, glänzenden Flügel ist die Winden-Federmotte von anderen, ähnlich bizarr gestalteten Arten gut zu unterscheiden.

Die Huflattich-Federmotte *(Platyptilia gonodactyla)* **ist zwar nicht so auffallend weiß, doch von ebenso ungewöhnlicher Gestalt wie die Winden-Federmotte**

Flügel gelb

Schwalbenschwanz
Papilio machaon

<u>Aussehen</u>: Mit einer Spannweite von 6–8 cm gehört der farbenprächtige Tagfalter zu unseren größten Schmetterlingsarten. Seinen Namen verdankt er zwei schwanzartigen Fortsätzen an den Hinterflügeln.

<u>Vorkommen</u>: Den prachtvollen Schmetterling kann man in fast allen naturnahen Lebensräumen antreffen, von der Meeresküste bis in 2000 m Höhe. Vorzugsweise lebt er auf blütenreichen Magerwiesen und Brachflächen, aber auch an Böschungen und Wegrändern, auf Feucht- und Streuwiesen sowie in Weinbergen und Gärten.

<u>Flugzeiten</u>: Von Anfang April bis Oktober in 2–3 Generationen, in höheren Lagen nur in einer Generation.

<u>Lebensweise</u>: Der ausdauernd fliegende Falter schweift oft weit umher. Er ernährt sich von Blütennektar. Geländekuppen dienen Männchen und Weibchen als Begegnungs- und Paarungsstätten. Das Weibchen legt seine Eier einzeln an Stängel, Blätter und Blütenstiele der Raupenfutterpflanzen.

<u>Raupe</u>: In jungen Stadien ist die unbehaarte Raupe schwarz mit roten Warzen und einem weißen Sattelfleck auf dem Rücken. Später wird sie grün mit schwarzen Ringeln und orangefarbenen Punkten. Einzelgängerisch frisst die tagaktive Raupe an Wilder Möhre, Wiesenkümmel, Fenchel und anderen Doldenblütlern, im Garten auch gern an Gartenmöhren. Zu guter Letzt verpuppt sie sich zu einer grünen oder braunen Gürtelpuppe, die an einen Pflanzenstängel angeheftet ist.

<u>Überwinterung</u>: Als Puppe.

Bestimmungstipp: Vom ähnlichen Segelfalter unterscheidet sich der Schwalbenschwanz nicht zuletzt durch die Reihe gleichmäßiger, halbmondförmiger Flecken am Außenrand der Vorderflügel.

Bei Bedrohung kann die Raupe des Schwalbenschwanzes eine Nackengabel ausstülpen, deren Drüsen einen unangenehmen Geruch verströmen.

Flügel gelb

Segelfalter
Iphiclides podalirius

Aussehen: Spannweite 6–7,5 cm. Die gelblichen bis weißen Vorderflügel des auffälligen Tagfalters weisen unterschiedlich lange schwarze Binden auf, die Hinterflügel außer langen Schwanzfortsätzen blaue und orangefarbene halbmondförmige Flecken.

Vorkommen: Als typischer Vertreter der südeuropäischen Tierwelt kommt der große Schmetterling nördlich der Alpen nur in Gebieten mit besonders mildem Klima vor. Im Bergland ist er oberhalb von 1600 m nicht mehr anzutreffen. Bevorzugt hält er sich an felsigen, aber blumenreichen Stellen mit buschiger Vegetation auf.

Flugzeiten: Von Anfang April bis Ende August in 1 bis 2 Generationen.

Lebensweise: Der Segelfalter nutzt gern thermische Aufwinde, um zu segeln. Seine Nahrung besteht aus Blütennektar. Sonnige Bergkuppen dienen den Geschlechtern als Treffpunkt und Paarungsplätze. Nach der Begattung setzt das Weibchen seine Eier einzeln auf den Blättern der Raupenfuttergehölze ab.

Raupe: Junge Raupen sind schwarz mit einem weißlichen Rückenfleck. Später werden sie grün und dick und tragen gelbe Schrägstreifen an den Seiten. Sie leben einzeln auf Sträuchern, vorzugsweise auf Schlehe, gelegentlich auch auf Obstgehölzen. Die Verwandlung zum Schmetterling erfolgt in einer Gürtelpuppe, die an einen Zweig des Nahrungsstrauchs angeheftet ist.

Überwinterung: Als Puppe, die jedoch im Gegensatz zur grünen Sommerpuppe braun ist.

> **Bestimmungstipp:**
> Die schwanzartigen Fortsätze an den Hinterflügeln des Segelfalters sind deutlich länger als die des Schwalbenschwanzes.

Schon nach der ersten Häutung ist die Raupe des Segelfalters grün. Sie sondert bei Gefahr einen abschreckenden Geruch ab.

Flügel gelb

Zitronenfalter
Gonepteryx rhamni

Aussehen: Spannweite 5–6 cm. Nur das Männchen des bekannten Tagfalters zeigt das namengebende Zitronengelb, die kleinen, spitzen Zipfel der Flügel kennzeichnen jedoch beide Geschlechter.

Vorkommen: Den Zitronenfalter sieht man häufig an Waldrändern oder in Waldnähe sowie in gehölzreichen Moorgebieten, aber auch in Parks und Gärten. Im Gebirge kommt er bis in 2000 m Höhe vor.

Flugzeiten: Von Anfang Juli bis Oktober, nach der Überwinterung erneut von Februar/März bis Juni in einer Generation. In den heißen Sommerwochen fallen die Falter in eine Sommerstarre.

Lebensweise: Der Zitronenfalter fliegt im Frühjahr als einer der ersten Schmetterlinge umher. Seine Nahrung besteht aus Blütennektar. Die Männchen flattern auf der Suche nach Weibchen ausdauernd an Waldsäumen entlang. Die Weibchen heften ihre gelblichen Eier einzeln an Blattunterseiten der Raupenfuttersträucher.

Raupe: Die unbehaarte, grüne Raupe mit dem weißlichen Seitenstreifen lebt auf Faulbaum- und Kreuzdornsträuchern. Zur Verpuppung verankert sie sich mit einem Gespinstgürtel an einem Zweig ihrer Futterpflanze. Die grüne, spitze Puppe ist im Laub gut getarnt.

Überwinterung: Als Falter, meist an einer immergrünen Pflanze sitzend.

Besonderheit: Mit einer Lebensspanne von 10–11 Monaten ist der Zitronenfalter der langlebigste unter unseren heimischen Schmetterlingen.

Das Weibchen des Zitronenfalters ist oft so blass gefärbt, dass es für einen Kohlweißling gehalten wird. Von diesem unterscheiden es jedoch die spitzen, arttypischen Flügelzipfel und ein kleiner orangebrauner Fleck in jeder Flügelmitte.

Flügel gelb

Hochmoorgelbling
Colias palaeno

Aussehen: Die Flügelspannweite dieses Tagfalters beträgt 4–5,2 cm, wobei das blassgelbe bis weiße Weibchen ein wenig größer ist als das kräftig gelbe Männchen. Die Flügeloberseiten, die der Falter im Sitzen kaum jemals zeigt, weisen einen breiten schwarzen Rand auf.

Vorkommen: Der Lebensraum dieses Gelblings sind Hochmoore mit besonnten Beständen der Rauschbeere. Im Gebirge kann man ihn in Zwergstrauchheiden bis in 2500 m Höhe antreffen.

Flugzeiten: Von Anfang Juni bis Ende August in nur einer Generation.

Lebensweise: Der Hochmoorgelbling ernährt sich von Blütennektar. Weil Hochmoore aber ausgesprochen blumenarm sind, sucht der fluggewandte Falter zur Nahrungsaufnahme blütenreiche Randgebiete des Moors auf, etwa Streuwiesen oder Hochstaudenfluren. Partnersuche, Paarung und Eiablage finden jedoch im Hochmoor statt. Das Weibchen setzt seine spindelförmigen Eier einzeln auf die Blattoberseiten besonnter Rauschbeersträucher.

Raupe: Die grüne Raupe trägt auf beiden Seiten einen schmalen gelben Streifen. Sie lebt an Rauschbeersträuchern, deren Blätter und Knospen sie abfrisst. Zuletzt verpuppt sie sich an einem Zweig ihrer Futterpflanze zu einer hellgrünen Gürtelpuppe.

Überwinterung: Als halb ausgewachsene Raupe an einem Rauschbeerblatt, mit dem sie meist (aber nicht immer) im Herbst zu Boden fällt.

> **Bestimmungstipp:**
> Ein Kennzeichen des Hochmoorgelblings sind die kleinen weißen, schwarz eingefassten Flecken auf der Unterseite der Vorderflügel.

Beim Weibchen des Hochmoorgelblings sind die Vorderflügel, abgesehen von der Spitze, weiß.

Flügel gelb

Weißkleegelbling, Goldene Acht
Colias hyale

Aussehen: Der Tagfalter, von dem man im Sitzen gewöhnlich nur seine Flügelunterseite sieht, hat eine Spannweite von 4,4–5 cm. Zwei kleine, aneinander stoßende Ringe auf dem Hinterflügel führten zu dem volkstümlichen Namen Goldene Acht.

Vorkommen: Der Weißkleegelbling ist eine typische Falterart des offenen Geländes. Man trifft ihn häufig auf Viehweiden und Kleefeldern an. Im Gebirge kommt er bis in 2000 m Höhe vor.

Flugzeiten: Von Anfang Mai bis Ende Oktober in 2–3 Generationen, in höheren Lagen hingegen meist nur eine Generation.

Lebensweise: Der Falter ernährt sich von Blütennektar, den er vorzugsweise an Rotklee und Saatluzerne, aber auch an anderen, insbesondere an violetten und gelben Blumen saugt. Die zuerst weißlichen, sich mit der Zeit rotbraun verfärbenden spindelförmigen Eier werden vom Weibchen einzeln auf die Blattoberseiten von Raupenfutterpflanzen gelegt.

Raupe: Kennzeichnendes Merkmal der einfarbig grünen Raupe ist ein orangegelber Streifen auf jeder Körperseite. Sie lebt vor allem auf Saatluzerne, aber auch auf anderen Pflanzen, etwa verschiedenen Klee- und Wickenarten. Am Ende ihres Raupendaseins verpuppt sie sich zu einer grünen Gürtelpuppe, die an einem Pflanzenstängel festgesponnen ist.

Überwinterung: Als halb ausgewachsene Raupe, in der Bodenstreu verborgen.

Der Hufeisenklee-Gelbling *(Colias australis)* kommt an sonnig-warmen Berghängen mit Mager- und Trockenrasen vor, aber auch in Weinbergen und Steinbrüchen.

Flügel gelb

Wandergelbling, Postillion
Colias crocea

Aussehen: Spannweite 4,5–5,2 cm. Der orangegelbe Tagfalter weist auf den Flügeloberseiten breite schwarze Säume auf, die beim Männchen von gelben Adern durchzogen, beim Weibchen gelb gefleckt sind. Gelegentlich treten auch Weibchen mit weißlicher Grundfärbung auf.

Vorkommen: Der in warmen Gebieten Südeuropas beheimatete Wanderfalter dringt regelmäßig über die Alpen nach Mitteleuropa vor, in manchen Jahren bis England und Skandinavien. Er hält sich vorwiegend in offenem, trockenem Gelände im Tiefland auf, nur selten in über 1600 m Höhe.

Flugzeiten: Von Anfang April bis Anfang November in 2–3 Generationen.

Lebensweise: Der Wandergelbling ist ein schneller und ausdauernder Flieger. Zur Nahrungsaufnahme saugt er an nektarreichen Blüten. Das Weibchen legt seine spindelförmigen Eier einzeln auf die Blattoberseiten der Raupenfutterpflanzen.

Raupe: Die grüne Raupe lebt vor allem auf Luzerne, aber auch auf anderen Schmetterlingsblütlern. Zuletzt verpuppt sie sich an einem Stängel ihrer Futterpflanze zu einer gleichfalls grünen Gürtelpuppe.

Überwinterung: Als Raupe, jedoch nur in frostfreien Regionen. Nördlich der Alpen geht alljährlich die letzte sich entwickelnde Generation im Spätherbst zugrunde, im darauf folgenden Frühjahr wandern dann neue Falter von Süden zu.

> **Bestimmungstipp:**
> Durch die orangefarbene Flügeloberseite ist der Wandergelbling auch im Flug leicht zu erkennen.

Die Seitenstreifen der dunkelgrünen Raupe können weißlich oder auch leuchtend gelb sein und kurze rote Striche enthalten.

Flügel gelb

Großer Hopfenwurzelbohrer, Hopfenspinner, Geistermotte
Hepialis humuli

Bestimmungstipp: Weder das gelbe Weibchen noch das weiße Männchen des Großen Hopfenwurzelbohrers ist mit anderen Arten zu verwechseln.

Aussehen: Bei diesem Nachtfalter sind die Geschlechter nicht nur verschieden groß, sondern auch unterschiedlich gefärbt. Während das silbrig weiße Männchen (kleines Bild) eine Flügelspannweite von 5–5,5 cm hat, weist das ockergelbe Weibchen eine Spannweite von 5,5–6,5 cm auf. Seine Flügel ziert zudem eine zarte, ziegelrote Streifenzeichnung.

Vorkommen: Der verbreitete und gebietsweise durchaus häufige Schmetterling kommt auf offenem Grasland und Waldlichtungen ebenso vor wie in Parks. Da die Raupe u. a. in Hopfenwurzeln lebt, ist der Falter auch in Hopfenkulturen verbreitet. In den Alpen trifft man ihn bis in 2000 m Höhe an.

Flugzeiten: Von Ende Mai bis Mitte August in nur einer Generation.

Lebensweise: Tagsüber kann man die Falter nicht selten an Grashalmen ruhend entdecken. In der Abenddämmerung fliegen die Männchen im Balzflug oft minutenlang pendelnd auf und ab. Darauf erheben sich auch die Weibchen in die Luft und signalisieren Paarungsbereitschaft. Das Weibchen streut seine Eier an geeigneten Stellen im Tiefflug über dem Boden aus.

Raupe: Die gelbbraune Raupe lebt in der Wurzel von Hopfen, aber auch von Ampfer, Löwenzahn und anderen Pflanzen. Zuletzt fertigt sie sich im Boden ein röhrenförmiges Gespinst, in dem sie sich dann verpuppt.

Überwinterung: Als Raupe, meist sogar zweimal.

Beim Großen Hopfenwurzelbohrer zeigen die rein weißen Flügel des Männchens einen ausgeprägten Seidenglanz.

Flügel gelb

Gestreifter Grasbär
Spiris striata

Aussehen: Der kleine Nachtfalter bringt es auf eine Flügelspannweite von 3–3,5 cm, macht sich im Sitzen aber ganz schlank, indem er die Flügel eng an den Körper anlegt. Seine blassgelben Vorderflügel sind schwarz gestreift, die orangegelben Hinterflügel umgibt ein breiter schwarzer Saum.

Vorkommen: Der nur lokal auftretende Schmetterling lebt an trockenen Grashängen sowie auf sonnigen Heideflächen. Im Bergland findet man ihn nicht oberhalb von 850 m.

Flugzeiten: Von Juni bis August in einer Generation.

Lebensweise: Der tagaktive Falter fliegt gewöhnlich nur kurz hoch, um schon nach wenigen Metern wieder auf Pflanzen zu landen. Weil sein Saugrüssel verkümmert ist, nimmt der Gestreifte Grasbär als Falter keine Nahrung mehr zu sich. Als Ruheplatz bevorzugt er dürre Pflanzenstängel, auf denen seine Streifenzeichnung eine hervorragende Tarnung darstellt. Die gelben bis rotbraunen Eier werden in einem dichten Gelege rings um einen trockenen Grashalm geheftet.

Raupe: Die schwarze, büschelig behaarte Raupe fällt durch einen leuchtend roten Rückenstreifen auf. Während die Jungraupen gesellig leben, vereinzeln sich die älteren Raupen immer mehr. Sie fressen an verschiedenen Gräsern sowie an den Blättern von Sauerampfer, Wiesensalbei und anderen Pflanzen. Die Verpuppung erfolgt in einem Gespinst am Boden.

Überwinterung: Als junge Raupe.

> **Bestimmungstipp:** Die auffallend schmalen, eingerollten Vorderflügel des Gestreiften Grasbären schließen eine Verwechslung aus.

Ein ähnliches Flugelmuster zeigt der Gestreifte Flechtenbär *(Endrosa aurita)*. Er kommt in den Alpen bis in 3000 m Höhe vor, seine Raupen ernähren sich von Steinflechten.

Flügel gelb

Rotrandbär
Diacrisia sannio

Bestimmungstipp: Die vor allem beim Männchen deutlich rötlichen Flügelränder sowie der rote Mittelfleck auf dem Vorderflügel sind sichere Bestimmungsmerkmale des Rotrandbären.

Aussehen: Spannweite 4–4,5 cm. Die leuchtend gelben, rot gerandeten Vorderflügel mit dem zentralen Fleck machen das Männchen dieses Nachtfalters zu einer auffälligen Erscheinung. Die weißlichen Hinterflügel tragen eine schwärzliche Binde.

Vorkommen: Auf mageren Wiesen und Trockenrasen, aber auch in Niedermooren ist der Rotrandbär regional noch recht häufig vertreten. Im Gebirge kann man ihn bis in 2000 m Höhe antreffen.

Flugzeiten: Von Anfang Mai bis September in 1–2 Generationen.

Lebensweise: Das Männchen fliegt nicht nur nachts, sondern oft auch am Tag umher. Es lässt sich leicht aufscheuchen, legt aber immer nur ein kurzes Stück zurück, bevor es sich wieder auf niedrigen Pflanzen niederlässt. Das flugträge Weibchen bleibt hingegen meist im Bewuchs am Boden versteckt. Aufgrund eines verkümmerten Saugrüssels können Rotrandbären als Falter keine Nahrung mehr aufnehmen. Die Eier werden in größeren Gruppen an den Raupenfutterpflanzen abgelegt.

Raupe: Die dunkel- oder rotbraune, dicht behaarte Raupe zeichnet sich durch einen glänzend schwarzen Kopf und eine hellgelbe Rückenlinie aus. Sie frisst an Brennnesseln, Spitzwegerich, Labkrautarten, Löwenzahn und anderen krautigen Pflanzen. Die Verpuppung erfolgt in einem dünnen Kokon in der Bodenvegetation.

Überwinterung: Als junge Raupe an trockenen Pflanzenstängeln.

Das orangebraune Weibchen des Rotrandbären hat dunkel geäderte Vorderflügel und eine großflächige schwarze Zeichnung auf den Hinterflügeln.

Flügel gelb

Heller Sichelflügler, Sichelspinner
Drepana falcataria

Aussehen: Das namengebende Merkmal dieses Nachtfalters sind seine sichelförmig nach hinten gekrümmten Vorderflügel mit einer Spannweite von 3–3,7 cm. Auf ockergelbem Grund tragen sie eine zarte dunkle Musterung aus Wellenlinien und Punkten.

Vorkommen: Der weit verbreitete und vielerorts noch häufige Schmetterling lebt in Wäldern, Mooren und Heiden mit Erlen- und Birkengehölzen, ebenso in Parks und Gärten. Im Gebirge bleibt er auf die tieferen Lagen, bis etwa 1500 m Höhe, beschränkt.

Flugzeiten: Von Anfang April bis Anfang September in zwei Generationen.

Lebensweise: Der Falter fliegt vorwiegend nachts. Hin und wieder sieht man ihn aber auch tagsüber an Laubblättern sitzen oder scheucht ihn aus Büschen oder Bäumen auf. Manchmal flattert er auch ohne erkennbare Störung aus dem Blattwerk. Das Weibchen legt seine Eier perlschnurartig auf dem Laub der Raupenfutterbäume, meist an der Blattoberseite, ab.

Raupe: Die kurz behaarte, bauchseits grüne, am Rücken rotbraune Raupe fällt durch einen braun-weiß gestreiften Kopf und hohe Warzenfortsätze am Rücken auf. Sie lebt auf Erle und Birke, seltener auch auf anderen Laubbäumen, wobei sie immer wieder einen Blattrand umbiegt und zu einer schützenden Tasche festspinnt. Auch die Verpuppung erfolgt in einer solchen Hülse.

Überwinterung: Als Puppe, die in ihrer Blatthülle beim herbstlichen Laubfall meist zu Boden fällt.

> **Bestimmungstipp:**
> Stets zeigt der Helle Sichelflügler auf den Vorderflügeln eine dunkle Querlinie, die von der gekrümmten Flügelspitze ausgeht.

Auch der Zweipunkt-Sichelflügler *(Drepana binaria)* ist in Wäldern, Mooren und Auen verbreitet. Er braucht für seine Entwicklung aber vor allem Eichen.

Flügel gelb

Pantherspanner, Fleckenspanner
Pseudopanthera macularia

Bestimmungstipp: Die auffällige Fleckenzeichnung auf den goldgelben Flügeln macht den Pantherspanner unverwechselbar.

Aussehen: Der kleine Nachtfalter hat eine Flügelspannweite von 2,6–3 cm. Seine gleichmäßig goldgelben Flügel sind übersät von schwarzen bis grauen Flecken. Typischerweise verblasst die Grundfärbung wie auch die Fleckenzeichnung im Laufe der Zeit immer mehr, sodass die Flügel bei älteren Exemplaren oft weißlich gelb sind.

Vorkommen: Der verbreitete und vor allem in klimatisch begünstigten Gebieten recht häufige Schmetterling ist ein Bewohner von Waldrändern und Lichtungen, buschbestandenen, warmen Flächen und vegetationsreichen, besonnten Berghängen. In den Alpen kommt er bis in 1900 m Höhe vor.

Flugzeiten: Ende April bis Mitte Juli in einer Generation.

Lebensweise: Die tagaktiven Falter sieht man bei Sonnenschein oft bei der Nahrungssuche, wobei sie sich auf nektarreichen Blüten nicht selten in größerer Zahl versammeln. Dazwischen ruhen sie gern auf Gräsern oder Kräutern. Die Eiablage erfolgt an Blättern der Raupennahrungspflanzen.

Raupe: Die schlanke, unbehaarte Raupe ist grün mit einer dunklen Rückenlinie und zwei weißen Streifen auf jeder Seite. Sie lebt auf Taubnessel, Ziest, Gamander, Hauhechel, Minze oder anderen krautigen Pflanzen, vor allem Lippenblütlern. Am Ende ihres Raupendaseins verpuppt sich sich am Boden in einem mit Erde oder Moos vermischten Gespinst.

Überwinterung: Als Puppe.

Die schwarzen Flügelflecken des meist nachtaktiven Rauschbeerspanners *(Arichanna melanaria)* sind in dichten Reihen auf seinen weißlichen und gelben Flügeln angeordnet.

Flügel gelb

Zitronenspanner, Gelbspanner
Opistograptis luteolata

Aussehen: Spannweite 2,8–4,2 cm. Quer über die Vorder- und Hinterflügel des zitronengelben Spanners zieht sich eine Reihe hellgrauer Flecken. Außerdem befinden sich am Vorderrand der Vorderflügel mehrere rostrote Flecken unterschiedlicher Größe sowie ein weißer, dunkel umrandeter Fleck.

Vorkommen: Lichte Laub- und Mischwälder, Heckenlandschaften und Haine, aber auch Parks und Gärten sind die Lebensräume des gebietsweise häufigen Nachtfalters. Im Bergland kommt er noch bis in gut 1500 m Höhe vor.

Flugzeiten: Von Anfang Mai bis Mitte August in einer Generation, in klimatisch besonders milden Regionen von April bis September in zwei Generationen.

Lebensweise: Zwar ist der Zitronenspanner vorwiegend nachtaktiv, doch kann man ihn gelegentlich auch tagsüber fliegen sehen. Die meiste Zeit des Tages verbringt er jedoch im Blattwerk von Sträuchern. Das Weibchen klebt seine Eier an die Blätter der Raupenfuttergehölze.

Raupe: Ein höckerartiger Querwulst auf der Rückenmitte ist kennzeichnend für die grüne oder graubraune Raupe des Zitronenspanners. Als Nahrungspflanze dienen Weißdorn, Schlehe und andere Laubholzarten. Zur Verpuppung spinnt sie sich in der Bodenstreu in einen dichten Kokon ein.

Überwinterung: Als Puppe, zuweilen auch als Raupe in der Bodenstreu.

> **Bestimmungstipp:** An den rostroten Flecken am Vorderrand der Vorderflügel ist der Zitronenspanner leicht zu erkennen.

In der typischen Art der Spannerraupen vermag die Raupe des Zitronenspanners ein Ästchen zu imitieren, indem sie sich in starrer Haltung von ihrer Unterlage abspreizt.

Flügel blau

Großer Schillerfalter
Apatura iris

<u>Aussehen:</u> Spannweite 6–7,4 cm. Die in ihrer Grundfarbe dunkelbraunen Flügel tragen weiße Binden und Flecken. Beim Männchen schillern sie intensiv in einem metallischen Blau, das Weibchen hingegen präsentiert sich glanzlos in Braun.

<u>Vorkommen:</u> Der prächtige Tagfalter ist ein Bewohner lichter Au- und Mischwälder vom Tiefland bis in 1500 m Höhe. Bevorzugt hält er sich an Bächen, Flüssen oder Seeufern auf.

<u>Flugzeiten:</u> Von Mitte Juni bis Ende August in nur einer Generation.

<u>Lebensweise:</u> Vorwiegend hält sich der Große Schillerfalter in Höhe der Baumwipfel auf. Nur zur Wasser- und Nahrungsaufnahme kommt er auf den Boden herab, wo er an feuchten Bodenstellen, Aas und Exkrementen saugt. Auch Baumsaft nimmt er gern auf. Das Weibchen legt seine kegelförmigen, längs gerippten Eier einzeln auf Blattoberseiten der Raupenfuttergehölze.

<u>Raupe:</u> Frisch geschlüpft noch braun, zeigt sich die erwachsene Raupe grün mit feinen weißlichen Schrägstrichen. Am Kopfende befinden sich zwei »Hörner«, am Hinterende läuft sie spitz zu. Damit erinnert sie in der Form an eine Nacktschnecke. Sie lebt vor allem auf Salweiden, aber auch auf anderen Weiden- und auf Pappelarten. Zuletzt verwandelt sie sich auf einer Blattunterseite zu einer grünen Stürzpuppe.

<u>Überwinterung:</u> Als Jungraupe in einer Rindenspalte oder Astgabel.

Bestimmungstipp: Beim Großen Schillerfalter tritt die weiße Querbinde auf den Hinterflügeln kräftig hervor und zeigt einen deutlichen Zacken zum Flügelrand hin.

Auf der kontrastreich gemusterten Unterseite des Großen Schillerfalters fallen vor allem ein orangefarben eingefasster Augenfleck auf den Vorderflügeln und eine keilförmige weiße Binde auf den Hinterflügeln auf.

Flügel blau

Kleiner Schillerfalter
Apatura ilia

Aussehen: Mit einer Flügelspannweite von 5,4–7 cm ist der Kleine Schillerfalter kaum kleiner als der Große Schillerfalter, dem er auch in Flügelfärbung und -muster ähnelt. Wie bei diesem schillert nur das Männchen blau, selten auch kräftig rot, während das Weibchen stets die braune Flügelgrundfarbe zeigt.

Vorkommen: Der Wärme liebende Tagfalter besiedelt sonnige, lufttrockene Säume von Misch- und Auwäldern im Tiefland. Oberhalb von 800 m Höhe ist er nicht mehr anzutreffen.

Flugzeiten: Von Mitte Juni bis Anfang August in nur einer Generation.

Lebensweise: Zur Nahrungsaufnahme saugt der Falter an Aas, Exkrementen, faulenden Früchten, austretendem Baumsaft und feuchten Wegstellen. Er sonnt sich gern an unbewachsenen Stellen am Boden. Das Weibchen legt seine kegelförmigen, gerippten Eier einzeln auf die äußeren Blätter sonnig stehender Pappeln.

Raupe: Zwei dünne, nach vorn weisende »Hörner« am Kopfende und ein spitz zulaufendes Hinterende verleihen der Raupe das Aussehen einer grünen Nacktschnecke. Über ihre Seiten ziehen sich feine gelbliche Schräglinien. Sie frisst das Laub von Zitterpappeln und anderen Pappelarten. An der Mittelrippe eines Pappelblatts hängend, verpuppt sie sich schließlich zu einer grünen Stürzpuppe.

Überwinterung: Als halb ausgewachsene Raupe, in einer Rindenspalte oder an einer Knospe.

> **Bestimmungstipp:** Kennzeichnend für den Kleinen Schillerfalter ist ein orangerot umringter Augenfleck auf den Oberseiten der Vorderflügel.

Die Flügelunterseiten des Kleinen sind ähnlich, jedoch weniger kontrastreich gezeichnet als die des Großen Schillerfalters.

Flügel blau

> **Bestimmungstipp:**
> Die Flügelunterseite mit einem breiten weißen Außenrand sowie einem verwischten weißen Streifen zur Mitte hin unterscheidet den Wundkleebläuling vom ähnlichen Silbergrünen Bläuling.

Wundkleebläuling
Plebicula dorylas

Aussehen: Spannweite 3,2–3,5 cm. Das Männchen dieses Bläulings präsentiert sich in einem leuchtenden, etwas ins Türkis gehenden Blau. Das Weibchen hingegen hat – wie bei sehr vielen anderen Bläulingsarten – dunkelbraune Flügeloberseiten. Es weist nur schwach ausgebildete orangefarbene Randflecken auf.

Vorkommen: Der Wärme liebende, vor allem in Südeuropa vertretene Tagfalter kommt im südlichen Mitteleuropa lokal an trockenen Berghängen mit felsdurchsetztem Magerrasen, an steinigen Wegrändern und auf sonnigen Almwiesen bis in 2000 m Höhe vor. Er ist auf Gebiete mit kalkhaltigem Gestein und Wundkleevorkommen beschränkt und meidet niederschlagsreiche Regionen.

Flugzeiten: Von Anfang Mai bis Mitte September in nur einer Generation.

Lebensweise: Wie auch die anderen Bläulinge fliegt der Wundkleebläuling bei der Nahrungssuche verschiedene nektarreiche Blüten an. Gelegentlich nimmt er aber auch Flüssigkeit an feuchten Bodenstellen auf. Das Weibchen heftet seine Eier an die Unterseiten dicker, älterer Blätter von Wundklee.

Raupe: Frisch geschlüpft, frisst die noch winzige Raupe Gänge in Wundkleeblätter, herangewachsen, bevorzugt sie die Blüten der Pflanze. Sie sieht dann dick und madenförmig aus und ist dank ihrer gelbgrünen Färbung in den Blüten kaum zu erkennen.

Überwinterung: Als junge Raupe.

Auf der Flügelunterseite fällt beim Wundkleebläuling neben einigen schwarzen, weiß umrandeten Augenflecken eine Reihe orangefarbener Flecken entlang des weißen Außensaums auf.

Flügel blau

Faulbaumbläuling
Celastrina argiolus

Aussehen: Spannweite 2,8–3,4 cm. Beide Geschlechter dieses Tagfalters sind oberseits hell himmelblau, doch zeigt das Weibchen (großes Bild) breite schwarzbraune Flügelränder, die dem Männchen fehlen.

Vorkommen: Der weit verbreitete Bläuling lebt auf Waldlichtungen, an Waldrändern, in Auen, heckenreichem Hügelland und auch in Gärten. Im Gebirge trifft man ihn bis in 1600 m Höhe an.

Flugzeiten: Von Mitte März bis Anfang September in zwei Generationen. In höheren Lagen kommt es meist nur zu einer Generation.

Lebensweise: Der Faulbaumbläuling ruht gern auf dem Laub von Sträuchern und Bäumen. Er ernährt sich vom Nektar der verschiedensten Blüten, saugt aber auch oft an feuchten Bodenstellen. Die Eier werden vom Weibchen einzeln an oder neben Blütenknospen von Raupenfutterpflanzen abgelegt.

Raupe: Die kurze, ziemlich dicke Raupe ist grün und/oder rotbraun mit einem dunkelroten Längsstreifen auf dem Rücken. Sie lebt auf den verschiedensten Pflanzen, z. B. auf Faulbaum, Heidekraut, Blutweiderich oder Saatluzerne, besonders häufig aber auf Rotem Hartriegel. Jungraupen nagen vor allem an Blütenknospen und Blüten, ausgewachsene Exemplare fressen hingegen an Blättern und Früchten. Schließlich verwandeln sie sich zu einer ockerbraunen Puppe, die gewöhnlich an der Unterseite eines Blattes befestigt ist.

Überwinterung: Als Puppe.

> **Bestimmungstipp:** Während die meisten Bläulinge sich nur in Bodennähe aufhalten, fliegt der Faulbaumbläuling nicht selten bis in den Kronenbereich der Bäume hinauf.

Kleine schwarze Punkte und Striche zieren die bläulich silbergrauen Flügelunterseiten des Faulbaumbläulings.

Flügel blau

Alexisbläuling,
Himmelblauer Steinkleebläuling
Glaucopsyche alexis

Aussehen: Mit einer Flügelspannweite von 2,8–3,4 cm gehört der Alexisbläuling schon zu den größeren Bläulingen. Beim Männchen hat die violettblaue Flügeloberseite einen schwarzbraunen Saum, beim Weibchen ist nur die innere Hälfte der schwarzbraunen Flügel oft blau bestäubt.

Vorkommen: Der Wärme liebende Tagfalter ist vornehmlich im Hügelland verbreitet, im Norddeutschen Tiefland kommt er nur an wenigen Stellen vor. In den Alpen kann man ihn bis in 2000 m Höhe antreffen. Sein Lebensraum sind trockene, buschbestandene Hänge, sonnige Waldränder und Lichtungen, Steinbrüche und Dämme.

Flugzeiten: Von Mitte April bis Anfang Juli in einer Generation.

Lebensweise: Der Falter ernährt sich vom Nektar der verschiedensten Blüten, saugt aber auch an feuchten Bodenstellen. Das Weibchen heftet seine Eier einzeln an Blüten und Knospen der Raupenfutterpflanzen.

Raupe: Ein auffälliges Merkmal der kurzen, grünlichen oder cremefarbenen Raupe sind drei rotbraune Längsstreifen. Sie lebt vor allem an Saatluzerne und Esparsette, aber auch an Wickenarten, Färberginster und anderen Schmetterlingsblütlern. Im Herbst verpuppt sie sich an ihrer Futterpflanze zu einer unscheinbar graubraunen Puppe.

Überwinterung: Als Puppe, möglicherweise auch als ausgewachsene Raupe.

> **Bestimmungstipp:** Die silbrig braune Flügelunterseite des Alexisbläulings schimmert an der Basis der Hinterflügel türkis. Die Vorderflügel tragen eine dichte Reihe schwarzer, weiß umringter Flecken.

Von den schwarzbraunen Flügeln weiblicher Alexisbläulinge heben sich die weißen Fransensäume besonders kontrastreich ab.

Flügel blau

Lungenenzianbläuling, Kleiner Moorbläuling
Maculinea alcon

Aussehen: Spannweite 3,3–3,6 cm. Die verschieden gefärbten Flügeloberseiten erlauben eine leichte Unterscheidung der Geschlechter: Während das Männchen blaue Flügel mit schmalem schwarzbraunem Rand hat, sind die des Weibchens graubraun und nur an der Basis öfter ein wenig blau getönt.

Vorkommen: Der in Mitteleuropa selten gewordene Tagfalter ist ein Bewohner von Feuchtgebieten. Er lebt auf Niedermoorflächen, im Bergland auf Streuwiesen bis knapp über 1000 m Höhe, in der Norddeutschen Tiefebene vor allem auf Pfeifengraswiesen.

Flugzeiten: Von Anfang Juli bis Ende August in nur einer Generation.

Lebensweise: Wie auch die anderen Bläulinge fliegt der Falter Blüten an, um Nektar zu saugen. Das Weibchen klebt seine schneeweißen Eier einzeln oder zu mehreren an Blütenknospen, an Kelchblätter oder in Blattachseln von Lungenenzian oder auch Schwalbenwurzenzian.

Raupe: Die frisch geschlüpfte Raupe bohrt sich in den Blütenboden und von dort in den Fruchtknoten der Enzianblüte und frisst in dessen Innerem. Halbwüchsig verlässt sie diese Behausung, wird von Ameisen in ihr Nest geschleppt und wie die eigene Brut gefüttert. Dafür liefert die Raupe den Ameisen ein zuckerhaltiges Sekret aus ihrer Analdrüse, das diese aufnehmen.

Überwinterung: Als Raupe in einem Ameisennest, wo sie sich schließlich auch verpuppt.

> **Bestimmungstipp:**
> Beim Lungenenzianbläuling weisen die beigebraunen Flügelunterseiten eine Vielzahl schwarzer, teils hell eingefasster Flecken auf.

Die Jungraupen des Lungenenzianbläulings leben und fressen im Fruchtknoten einer Enzianblüte.

Flügel blau

Schwarzgefleckter Bläuling
Maculinea arion

Aussehen: Der mit einer Flügelspannweite von 3,2–4 cm für einen Bläuling recht große Schmetterling zeichnet sich durch schwarze, zumeist längliche Flecken auf der blauen Flügeloberseite aus.

Vorkommen: Nur lokal und nirgendwo häufig tritt dieser Tagfalter auf kurzrasigen Weiden, Trockenrasen und Waldwiesen auf.

Flugzeiten: Von Anfang Juni bis Mitte August in einer Generation.

Lebensweise: Wie auch die anderen Bläulinge saugt der Falter Nektar aus Blüten, wobei er rot- bis blauviolette bevorzugt. Das Weibchen legt seine Eier einzeln an Blütenknospen der Raupenfutterpflanzen.

Raupe: Die kurze, dicke, anfangs rosarote, später ockerbraune Raupe lebt zunächst auf Feldthymian oder Wildem Dost, dessen Blüten und reifenden Samen sie frisst, später in einem Ameisennest.

Überwinterung: Als Raupe im Ameisennest. Dort findet auch die Verpuppung statt.

Besonderes: Wie auch einige andere Bläulinge, z. B. der Helle Wiesenknopfbläuling oder der Lungenenzianbläuling, zählt der Schwarzgefleckte Bläuling zu den so genannten Ameisenbläulingen. Die Raupen dieser Arten werden von bestimmten Ameisenarten in ihr Bodennest getragen. Dort ernähren sich die Raupen von den Larven der Ameisen und/oder werden von den Ameisen gefüttert. Als Gegenleistung liefern sie ihren »Wirten« das süße, nahrhafte Sekret ihrer Analdrüsen.

Bestimmungstipp: Auf der Flügeloberseite unterscheidet sich das Weibchen des Schwarzgefleckten Bläulings vom Männchen durch größere schwarze Flecken und einen etwas breiteren braunen Flügelrand.

Auf der graubraunen Flügelunterseite des Schwarzgefleckten Bläulings sind große, weiß gerandete schwarze Flecken ausgebildet. Die Basis ist grünlich bestäubt.

Flügel blau

Heller Wiesenknopfbläuling, Großer Moorbläuling
Maculinea teleius

Aussehen: Spannweite 2,8–3,6 cm. Beim Männchen dieses Tagfalters findet sich im hellen Blau der Flügeloberseiten eine Reihe schwarzer, teils länglicher Flecken. Auch die beigefarbenen Flügelunterseiten werden von schwarzen Punkten geziert.

Vorkommen: Hauptsächlich trifft man diesen Bläuling in Moorwiesen und anderen Nasswiesen an, in Uferwiesen und an feuchten Weg- und Grabenrändern. In den Alpen kommt er bis in 2000 m Höhe vor.

Flugzeiten: Von Mitte Juni bis Mitte August in nur einer Generation.

Lebensweise: Der Falter ernährt sich von Blütennektar, wobei der Große Wiesenknopf die wichtigste Nahrungsquelle darstellt. Seine lang gestielten Blütenköpfchen dienen dem Bläuling außerdem als Schlafplatz sowie als Paarungsort der Geschlechter. Nach der Paarung heftet das Weibchen seine Eier einzeln in die zumeist noch grünen Blütenköpfchen dieser Pflanze.

Raupe: Die kurze, anfangs purpurbraune und mit kleinen schwarzen Warzen besetzte Raupe lebt zunächst auf den Blüten des Großen Wiesenknopfs. Später verlässt sie ihre Futterpflanze und verliert ihre dunkle Färbung. Nunmehr gelbbraun und beinahe durchscheinend, wird sie von Ameisen in ihr Bodennest geschleppt, wo sie sich schließlich verpuppt.

Überwinterung: Vor der Verpuppung als Raupe in einem Ameisennest.

> **Bestimmungstipp:** Das Männchen des Hellen Wiesenknopfbläulings ist zwar dem Schwarzgefleckten Bläuling ähnlich, die unterschiedlichen Lebensräume beider Arten schließen jedoch eine Verwechslung weitgehend aus.

Beim Hellen Wiesenknopfbläuling sind die schwarzbraunen Flügel des Weibchens auf der inneren Hälfte blau bestäubt.

Flügel blau

Argusbläuling, Geißkleebläuling
Plebejus argus

<u>Aussehen:</u> Spannweite 2,5–3 cm. Die blauen Flügel des Männchens haben einen mehr oder weniger breiten braunen Rand, die Flügel des Weibchens sind oberseits dunkelbraun mit einer Reihe halbmondförmiger orangefarbener Flecken am Hinterrand.

<u>Vorkommen:</u> Der Argusbläuling ist auf Heideland und buschbestandenem Trockenrasen sowie in Hochmooren anzutreffen, in den Alpen bis in über 2000 m Höhe. Wo er vorkommt, fliegt er oft in großer Zahl.

<u>Flugzeiten:</u> Von Mitte Juni bis September in 1–2 Generationen.

<u>Lebensweise:</u> Der Falter saugt Nektar an Blüten, trinkt aber auch oft an nassen Bodenstellen. Nachts sitzt er, häufig in größeren Gruppen, kopfunter an Pflanzenstängeln und hohen Grashalmen. Das Weibchen legt seine Eier einzeln an Stängel der Raupenfutterpflanzen, meist dicht über dem Boden.

<u>Raupe:</u> Die kurz behaarte Raupe kann entweder grün oder rotbraun sein, trägt aber in jedem Fall auf dem Rücken einen schwarzbraunen, weiß eingefassten Streifen. Sie lebt an Blüten und Blättern von Gewöhnlichem Hornklee, Bunter Kronwicke, Heidekraut und etlichen anderen Pflanzen. Nachts macht sie sich ans Fressen, tagsüber hingegen verbirgt sie sich unter ihrer Nahrungspflanze am Boden. Dort verpuppt sie sich schließlich auch zu einer blassgrünen Puppe mit dunkler Rückenlinie.

<u>Überwinterung:</u> Als Ei.

Männchen und Weibchen des Argusbläulings (hier bei der Paarung) sind auch auf der Flügelunterseite verschieden gefärbt: Das Männchen (unten) weist mehr Blau auf als das Weibchen, bei dem die orangefarbene Randzeichnung meist stärker ausgeprägt ist. Bei beiden trägt die Randbinde kleine Flecken mit grünem Metallglanz.

Flügel blau

Rotkleebläuling, Violetter Waldbläuling
Cyaniris semiargus

Aussehen: Spannweite 2,6–3,4 cm. Während das Männchen dieses Tagfalters dunkel violettblau gefärbt ist und braune Flügelränder hat, zeigt das Weibchen einheitlich dunkelbraune Flügeloberseiten.

Vorkommen: Am häufigsten sieht man den weit verbreiteten Rotkleebläuling auf ungedüngten, blütenreichen Mähwiesen, auf Rotkleeäckern und an Wiesenrainen. In den Alpen kommt er noch in über 2500 m Höhe auf Alpweiden und Matten vor.

Flugzeiten: Von Mitte Mai bis Mitte Oktober in 2–3 Generationen, in höheren Lagen jedoch meist nur in einer Generation.

Lebensweise: Der Falter, der sich von Blütennektar ernährt, saugt bevorzugt an Gewöhnlichem Hornklee und verschiedenen rot blühenden Kleearten. Um sein Revier zu kontrollieren, setzt sich das Männchen gern auf hohe Grashalme. Das Weibchen legt seine grünlich blauen Eier einzeln an Blütenstände der Raupenfutterpflanzen.

Raupe: Die asselförmige, kurz behaarte Raupe ist grün und hat einen dunkelgrünen Längsstreifen auf dem Rücken. Sie lebt überwiegend auf Rotklee, aber auch auf Mittlerem Klee, und frisst zunächst bevorzugt Blütenknospen und Blüten, später auch Blattaustriebe. Am Ende der Raupenzeit verpuppt sie sich am Stängel ihrer Nahrungspflanze zu einer olivgrünen Puppe.

Überwinterung: Als junge Raupe am Boden, unter dem Bewuchs versteckt.

Die hell graubraunen Flügelunterseiten des Rotkleebläulings sind nur an der Flügelbasis mehr oder weniger blau überstäubt und tragen kleine schwarze, weiß gerandete Flecken.

Flügel blau

Grünblauer Bläuling
Agrodiaetus damon

Aussehen: Spannweite 3–3,4 cm. Die silbrig türkisfarbenen Flügel des Männchens weisen einen mehr oder weniger breiten braunen Rand auf, die Flügel des Weibchens sind gänzlich braun.

Vorkommen: Als mediterrane Art tritt der Grünblaue Bläuling in Mitteleuropa nur inselartig auf. Er fliegt auf offenem, sommertrockenem Magerrasen, an felsigen Hängen, in Wacholderheiden oder an Böschungen und ebenso in Steinbrüchen. Im Gebirge kommt er bis in über 2000 m Höhe vor.

Flugzeiten: Von Ende Juni bis Anfang Oktober in nur einer Generation.

Lebensweise: Wo der Grünblaue Bläuling auftritt, fliegt er meist sehr zahlreich. Seine Nahrung ist Blütennektar, den er besonders gern an Disteln und Wildem Dost saugt. Die Eier werden nach der Paarung vom Weibchen einzeln an die trockenen Samenstände der Raupenfutterpflanzen gelegt.

Raupe: Die kurze, dicht behaarte Raupe ist gelblich grün und hat rötliche Seitenstreifen. Sie lebt auf Esparsettearten und wird, wie auch viele andere Bläulingsraupen, fast immer von Ameisen begleitet, die die süßen Ausscheidungen ihrer Analdrüsen aufnehmen. Am Ende des Raupenstadiums verpuppt sie sich in der Streuschicht unter ihrer Futterpflanze zu einer glatten, grünlich braunen oder ockerbraunen Puppe.

Überwinterung: Als Ei, als schlupfbereite Raupe in der Eihülle oder als junge Raupe.

Die blassbraunen Flügelunterseiten des Grünblauen Bläulings sind mit einigen schwarzen Punkten besetzt. Außerdem zieht sich ein auffälliger weißer Streifen über den Hinterflügel.

Flügel blau

Silbergrüner Bläuling
Lysandra coridon

Aussehen: Spannweite 3–3,5 cm. Die Flügel des Männchens sind oberseits silbrig blau bis türkisfarben mit braunem Rand, der in der Breite sehr variabel ist und die Flügelfläche bis zur Hälfte einnehmen kann. Das braune Weibchen trägt einen braunweiß gescheckten Fransensaum an den Flügeln und auf den Hinterflügeln eine Reihe gelblicher oder orangefarbener Augenflecken.

Vorkommen: Der Falter hält sich an trockenwarmen Stellen wie Magerrasen, Bahndämmen oder Feldrainen auf. Im Gebirge trifft man ihn bis in etwa 2000 m Höhe an.

Flugzeiten: Von Mitte Juli bis September in lediglich einer Generation.

Lebensweise: In geeigneten Lebensräumen tritt der Silbergrüne Bläuling oft in großer Zahl auf. Er sucht Blüten auf, um Nektar zu saugen, besonders gern Wilden Dost, Hornklee und Flockenblumen. Meist übernachtet er auch auf Blüten oder kopfunter an Grashalmen sitzend. Das Weibchen heftet seine Eier einzeln an dürre Grashalme oder direkt an eine Raupenfutterpflanze.

Raupe: Die kurze, dickliche Raupe mit glänzend schwarzem Kopf ist graugrün und trägt zwei Reihen gelber Flecken. Sie lebt überwiegend von Hufeisenklee, aber auch von Kronwicken und anderen Schmetterlingsblütlern. Tagsüber sitzt sie meist unter Steinen oder ist im Moos verborgen. Die Verpuppung zu einer schmutzig gelben bis olivbraunen, schlanken Puppe erfolgt ebenfalls am Boden.

Überwinterung: Als schlupfbereite Raupe in der Eihülle.

Die hellbraunen Flügelunterseiten tragen bei beiden Geschlechtern des Silbergrünen Bläulings eine kontrastreiche Punktezeichnung. In der Grundfärbung ist das Weibchen (rechts) meist etwas dunkler und intensiver braun als das Männchen.

Flügel blau

Himmelblauer Bläuling
Lysandra bellargus

Aussehen: Spannweite 2,8–3,4 cm. Nur das Männchen zeigt auf seinen Flügeloberseiten das namengebende Himmelblau. Die hellbraunen Flügelunterseiten sind bei beiden Geschlechtern mit schwarzen, weiß umringten Punkten und orangefarbenen Flecken lebhaft gemustert.

Vorkommen: Der Wärme liebende Bläuling lebt auf trockenen, auch sandigen Flächen mit eher spärlichem Bewuchs, z. B. auf kurzgrasigem Magerrasen. Er ist an das Vorkommen von Hufeisenklee gebunden. Im Gebirge kann man ihn bis in 2000 m Höhe antreffen.

Flugzeiten: Von Mitte April bis Anfang Okober in zwei Generationen.

Lebensweise: Der Tagfalter ernährt sich von Blütennektar, den er vorwiegend an Hufeisenklee aufnimmt, aber ebenso an den sehr ähnlichen Blüten des Gewöhnlichen Hornklees. Gern saugt er auch an bewuchsfreien, mineralreichen Bodenstellen. Zur Eiablage sucht das Weibchen bodennahe Bereiche des Bewuchses auf und heftet die Eier einzeln an die unteren Blättchen des Hufeisenklees.

Raupe: Die kurze und dicke, grüne Raupe zeichnet sich durch gelbe Seitenstreifen und zwei Reihen gelber Flecken auf dem Rücken aus. Sie frisst ausschließlich Hufeisenklee. Im letzten Stadium verpuppt sie sich am Boden unter der Nahrungspflanze zu einer glatten, olivbraunen Puppe.

Überwinterung: Als junge Raupe am Fuß der Nahrungspflanze in der Streuschicht.

Bestimmungstipp: Vom sehr ähnlichen Hauhechelbläuling unterscheidet sich der Himmelblaue Bläuling durch die schwarzweiß gescheckten Fransensäume seiner Flügel.

Beim Weibchen des Himmelblauen Bläulings ist die Basis der braunen Flügel manchmal blau überhaucht. In jedem Fall aber zeigt es eine Reihe orangefarbener, halbmondförmiger Flecken am Flügelrand.

Flügel blau

Hauhechelbläuling, Gewöhnlicher Bläuling
Polyommatus icarus

Aussehen: Spannweite 2,7–3,4 cm. Die Flügel des Männchens sind oberseits kräftig hellblau bis blauviolett gefärbt, die des Weibchens hingegen braun. Auf den Flügelunterseiten prangt eine lebhafte Punktezeichnung mit orangefarbenen Halbmonden, welche beim Männchen auf hell graubraunem, beim Weibchen auf ockerbraunem Grund stehen.

Vorkommen: Der Hauhechelbläuling ist einer der häufigsten Bläulinge, insbesondere in Kulturlandschaften. Man trifft ihn sowohl auf trockenen als auch auf feuchten Wiesen an. Im Gebirge kommt er noch in über 2000 m Höhe vor.

Flugzeiten: Von Anfang April bis Mitte Oktober in 2–3 Generationen.

Lebensweise: Der kleine Tagfalter saugt an Blüten, aber auch an feuchten Bodenstellen. Nachts ruht er kopfunter an Gräsern. Die Eier werden einzeln in Blüten, an Knospen oder Blätter der Raupenfutterpflanzen gelegt.

Raupe: Die asselförmige Raupe ist blassgrün und kurz behaart. Sie lebt vor allem auf Gewöhnlichem Hornklee, aber auch auf Saatluzerne, Hauhechelarten und weiteren Schmetterlingsblütlern. Wie auch bei anderen Bläulingsarten suchen häufig Ameisen die Raupen auf, um die süßen Ausscheidungen ihrer Analdrüsen aufzunehmen. Die glatte, glänzend olivbraune Puppe liegt meist unter der Nahrungspflanze am Boden.

Überwinterung: Als halb ausgewachsene Raupe am Fuß ihrer Nahrungspflanze.

> **Bestimmungstipp:** Kennzeichnend für den Hauhechelbläuling ist unter anderem die feine schwarze Randlinie auf der Oberseite seiner Flügel.

Beim braun gefärbten Weibchen des Hauhechelbläulings ist eine zarte, orangefarbene Tupfenreihe entlang der äußeren Flügelränder ausgebildet.

Flügel braun

Kleiner Eisvogel
Limenitis camilla

Aussehen: Die schwarzbraunen, nur mit einer weißen Binde geschmückten Flügel dieses Tagfalters haben eine Spannweite von 5–6 cm.

Vorkommen: Der Kleine Eisvogel ist ein Bewohner von Laub- und Mischwäldern, wo man ihn vor allem an Lichtungen und Waldwegen beobachten kann. Er zeigt eine Vorliebe für schattige und feuchte Plätze. Im Bergland findet man ihn allenfalls noch in einer Höhe von 1500 m.

Flugzeiten: Von Mitte Juni bis Mitte August in einer Generation, im südlichen Mitteleuropa stellenweise auch von Mai bis September in zwei Generationen.

Lebensweise: Anders als der Große Eisvogel fliegt der Kleine Eisvogel häufig in geringer Höhe über dem Boden, steigt aber auch in die Wipfelregion der Bäume auf. Zur Nahrungsaufnahme saugt er an nasser Erde, Tierkot und Kadavern, besucht jedoch ebenso Blüten. Das Weibchen legt seine Eier einzeln an Blattoberseiten der Raupenfutterstäucher.

Raupe: Die grüne Raupe trägt zwei Reihen rostroter Rückendornen. Sie frisst hauptsächlich die Blätter der Roten Heckenkirsche, aber auch von Waldgeißblatt oder Schneebeere. Mit dem Hinterteil an ein Blatt ihrer Nahrungspflanze angeheftet, verpuppt sie sich zu einer vorwiegend grünen Stürzpuppe mit silbrig glänzenden Flecken.

Überwinterung: Als junge Raupe, entweder einzeln oder in kleinen Grüppchen in einem zusammengerollten Blatt an einer Zweigspitze.

Bestimmungstipp: Charakteristisch für den Kleinen Eisvogel ist eine doppelte Reihe schwarzer Punkte am Hinterflügelrand.

Auch auf der orangefarbenen Flügelunterseite des Kleinen Eisvogels findet sich eine breite weiße Binde. Von der eisblauen Färbung an der Basis der Hinterflügel, die auch der Große Eisvogel aufweist, leitet sich der Name Eisvogel her.

Flügel braun

Großer Eisvogel
Limenitis populi

Aussehen: Mit einer Flügelspannweite von 6,5–8 cm zählt der Große Eisvogel zu den größten heimischen Tagfaltern. Die weißen Binden und Flecken auf der dunkelbraunen Oberseite sind beim Weibchen meist stärker ausgeprägt als beim Männchen. Charakteristisch ist eine orangefarbene Bogenreihe am Hinterflügelrand.

Vorkommen: Dieser auffällige Tagfalter bewohnt lichte Laubmischwälder der Ebene und des Hügellands, in den Alpen bis in 1500 m Höhe.

Flugzeiten: Von Ende Mai bis Anfang August in lediglich einer Generation.

Lebensweise: Die meiste Zeit hält sich der Große Eisvogel in Höhe der Baumwipfel auf. Nur zur Nahrungsaufnahme kommt er zum Boden herab, wo er an nasser Erde, Tierkot und Kadavern saugt. Die Männchen sitzen häufig auf Laub und warten auf vorüberfliegende Weibchen. Männliche Konkurrenten werden hingegen mit heftigen Flugattacken vertrieben. Die Weibchen kleben ihre grünlichen Eier einzeln auf Blattoberseiten der Raupenfutterbäume.

Raupe: Die grünbraune, warzige Raupe trägt in frühen Stadien einen weißlichen Sattelfleck, ausgewachsen dann ein Paar dicker Nackenhörner. Sie lebt auf Zitterpappeln (Espen) und anderen Pappelarten. Zuletzt heftet sie sich an einem Blatt fest und verwandelt sich in eine ockerbraune, dunkel gefleckte Stürzpuppe.

Überwinterung: Als Jungraupe in einem aufgerollten Blattstück.

> **Bestimmungstipp:**
> Vor allem durch seine beträchtliche Größe und die orangefarbene Bogenreihe am Hinterflügelrand ist der Große Eisvogel kaum zu verwechseln.

Die Flügelunterseiten zeigen beim Großen Eisvogel ein reizvolles Muster in Orangebraun und Graublau.

Flügel braun

Trauermantel
Nymphalis antiopa

Bestimmungstipp: Das wichtigste Erkennungsmerkmal des Trauermantels ist seine breite gelbe Saumbinde.

Aussehen: Spannweite 6–6,5 cm. Samtbraune Flügel mit einem scharf abgesetzten gelben Saum und einer hellblauen Fleckenreihe machen den stattlichen Tagfalter unverwechselbar. Nach der Überwinterung ist der gelbe Flügelsaum allerdings oft weißlich ausgeblichen. Unterseits zeigen die ansonsten schwarzbraunen Flügel nur einen weißlichen Saum am Außenrand.

Vorkommen: Auwälder und lichte Mischwälder sowie buschbestandene, nur mäßig besonnte Hänge sind die bevorzugten Lebensräume des Trauermantels. In den Alpen kommt er bis in 2000 m Höhe vor.

Flugzeiten: Von Mitte Juli bis Ende September, nach der Überwinterung erneut ab März bis Juni, in nur einer Generation.

Eine Reihe roter Rückenflecken machen die schwarze, weiß behaarte Raupe des Trauermantels unverkennbar.

Lebensweise: Der ausdauernd umherfliegende Falter saugt gern an austretendem Baumsaft und feuchten Bodenstellen, im Sommer auch an Fallobst. Die Männchen fliegen auf der Suche nach Weibchen häufig an Waldsäumen entlang. Die Weibchen kleben ihre Eier in dichten Reihen rund um besonnte Zweige der Raupenfutterbäume.

Raupe: Die schwarzen, bedornten Raupen leben gesellig in einem lockeren Gespinst vor allem an Salweide, aber auch an anderen Weidenarten sowie an Birken. Die Verpuppung zu einer bräunlich grauen Stürzpuppe erfolgt zumeist an einem Pflanzenstängel.

Überwinterung: Als Falter in Baumhöhlen oder im Inneren von Gebäuden oder Schuppen.

Flügel braun

Landkärtchen, Netzfalter
Araschnia levana

Aussehen: Spannweite 3,2–4 cm. Die beiden jährlich entstehenden Generationen dieses Tagfalters sehen ganz unterschiedlich aus: Während die Falter der Frühjahrsgeneration orangefarbene, schwarz gefleckte Flügeloberseiten haben, zeigen sich die Sommerfalter schwarzbraun mit weißen oder gelblichen Bändern und dünnen orangefarbenen Linien (großes Bild).

Vorkommen: Das Landkärtchen ist ein Schmetterling des Tieflands, der höchstens bis in 1000 m Höhe vorkommt. Man trifft ihn hauptsächlich in Auen sowie lichten, feuchten Mischwäldern, vorzugsweise entlang von Waldwegen und an Waldrändern.

Flugzeiten: Von Ende April bis Mitte Juni sowie von Anfang Juli bis Ende August in zwei Generationen.

Lebensweise: Der sehr flugaktive Falter besucht zur Nahrungsaufnahme bevorzugt weiße Doldenblüten. Des öfteren saugt er aber auch an feuchten Wegstellen, Kot oder Kadavern. Auf der Suche nach Weibchen fliegt das Männchen an Waldwegen oder Waldrändern ausdauernd auf und ab. Das Weibchen klebt seine grünen, zylindrischen Eier, zu »Türmchen« aufeinander gestapelt, an die Unterseite von Brennnesselblättern.

Raupe: Die schwarzen, stark bedornten Raupen leben gesellig an der Unterseite junger Brennnesselblätter. Nach der letzten Häutung vereinzeln sie sich und verpuppen sich schließlich an einer Brennnessel zu einer graubraunen Stürzpuppe.

Überwinterung: Als Puppe.

> **Bestimmungstipp:**
> Die Raupen des Landkärtchens sitzen stets auf der Unterseite eines Brennnesselblatts.

Die rotbraunen Flügolunterseiten sind von einem landkartenähnlichen Gitternetz aus feinen, hellen Linien überzogen, dem der Falter den Namen verdankt.

Flügel braun

Veilchenscheckenfalter
Hypodryas (Euphydryas) cynthia

Bestimmungstipp: Das Männchen des Veilchenscheckenfalters ist durch die weißen Flecken auf den Flügeloberseiten unverkennbar.

Aussehen: Spannweite 3,6–4,4 cm. Das Männchen trägt auf seinen rotbraunen, schwarz gefelderten Flügeln weiße Flecken, die in ihrer Ausdehnung sehr verschieden sein können. Dem orangebraunen Weibchen hingegen fehlen jegliche weiße Flecken. Bei beiden Geschlechtern sind kleine schwarze Punkte in den rotbraunen Feldern vor dem Saum, sowohl auf der Flügelober- wie -unterseite, typisch.

Vorkommen: Die Verbreitung dieses Tagfalters ist in Mitteleuropa auf die Alpen beschränkt, wo man ihn auf kurzrasigen und blumenreichen Bergmatten zwischen 1500 und 3000 m Höhe antreffen kann.

Flugzeiten: Von Ende Juni bis Ende August in nur einer Generation.

Lebensweise: Der Veilchenscheckenfalter ernährt sich von Blütennektar. Nach der Paarung heftet das Weibchen seine Eier in größeren Gruppen an die Blätter der Raupenfutterpflanzen.

Raupe: Die schwarze Raupe fällt durch eine feine gelbe Zeichnung auf. Sowohl der Körper als auch die dicken, abstehenden Dornen sind schwarz behaart. Sie lebt gesellig vor allem auf Alpenwegerich und Langspornigem Veilchen. Im dritten Sommer verpuppt sie sich zu einer silbergrauen Stürzpuppe mit schwarzer Zeichnung.

Überwinterung: Das erste Mal als junge Raupe in einem gemeinschaftlichen Gespinst, das zweite Mal als erwachsene Raupe einzeln unter einem Stein oder Grasbüschel.

Auf der mosaikartig gezeichneten Flügelunterseite des Veilchenscheckenfalters fügen sich cremefarbene und orangebraune Felder zu auffälligen Farbbändern aneinander.

Flügel braun

Ockerbindiger Samtfalter, Rostbinde, Heidefalter
Hipparchia semele

Aussehen: Spannweite 4,8–6 cm. Auf der braunen Oberseite finden sich am Vorderflügel zwei, am Hinterflügel nur ein schwarzer Augenfleck. Die Unterseite der Hinterflügel stellt mit ihrer rindenartigen Färbung ein gutes Tarnkleid dar. Wenn der sitzende Falter jedoch seine Vorderflügel aufstellt, werden auf ockerfarbenem Grund zwei schwarze Augenflecken sichtbar.

Vorkommen: Der in Europa weit verbreitete Tagfalter bevorzugt trockenwarme, sandige Gebiete wie lichte Kiefernwälder, Heiden oder Dünen. In den Alpen kann man ihn noch in 2000 m Höhe antreffen.

Flugzeiten: Von Ende Juni bis Mitte Oktober in nur einer Generation.

Lebensweise: Der Ockerbindige Samtfalter ist ein rasanter Flieger. Seine Nahrung besteht hauptsächlich aus Blütennektar, er saugt aber auch an Baumsaft und Exkrementen. Das Weibchen heftet die weißlichen, längs gerippten Eier einzeln knapp über dem Boden an dürre Grashalme.

Raupe: An der schlanken, hellbraunen Raupe fallen helle und dunkle Streifen auf, die sich vom Kopf bis zum Hinterende ziehen. Das hintere Ende läuft in eine kurze Schwanzgabel aus. Die Raupe frisst nachts an verschiedenen Grasarten, tagsüber hält sie sich am Boden verborgen. Die Verpuppung erfolgt in einem Kokon knapp unter der Erdoberfläche.

Überwinterung: Als Raupe am Grund von Grasbüscheln.

> **Bestimmungstipp:** Ein Unterscheidungsmerkmal zu den meisten ähnlichen heimischen Schmetterlingen sind die ockerfarbenen Flecken auf den Flügeln des Ockerbindigen Samtfalters.

Der sehr ähnliche, aber kleinere Rotbinden-Samtfalter *(Arethusana arethusa)* weist am Vorderflügel nur einen statt zwei Augenflecken auf.

Flügel braun

Blaukernauge, Blauäugiger Waldportier
Minois dryas

Aussehen: Spannweite 4,8–6,2 cm. Auffällige Augenflecken mit hellblauem Kern waren namengebend für den sonst eher unscheinbaren Tagfalter. Das etwas größere Weibchen zeigt sich in einem helleren Braun als das Männchen.

Vorkommen: Das Blaukernauge kommt auf Moorwiesen ebenso vor wie auf Mager- und Trockenrasen, auf Lichtungen in trockenem Wald oder an warmen, buschbestandenen Hängen. Im Bergland findet man es bis in 1500 m Höhe.

Flugzeiten: Von Anfang Juli bis Mitte September in nur einer Generation.

Lebensweise: Hauptsächlich fliegt das Blaukernauge am frühen Vormittag und am späten Nachmittag. Zur Nahrungsaufnahme sucht es nektarreiche Blüten auf, wobei es violette stark bevorzugt. Das Weibchen lässt seine Eier einfach aus der Luft fallen, während es niedrig über eine geeignete Wiese fliegt.

Raupe: Die unbehaarte, gelblich graue Raupe weist zarte dunkle Längsstreifen auf. Auch der deutlich vom Körper abgesetzte Kopf ist dunkel gestreift. Das Hinterende läuft in einen kurzen Gabelschwanz aus. Als Nahrungspflanzen dienen verschiedene Gräser, deren Blätter und Halme, gewöhnlich nachts, von der Spitze her abgefressen werden. Schließlich verpuppt sich die Raupe zu einer gedrungenen, braunen Puppe, die unter den Futterpflanzen am Boden liegt.

Überwinterung: Als Raupe an Grasbüscheln.

> **Bestimmungstipp:** Die auffälligen schwarzen Augenflecken des Blaukernauges haben eine hellblaue Mitte und schließen daher eine Verwechslung mit ähnlichen Arten aus.

Auch die Augenflecken auf den Flügelunterseiten haben beim Blaukernauge einen hellblauen Kern.

Flügel braun

Weißer Waldportier, Waldpförtner, Schattenkönigin
Brintesia circe

Aussehen: Mit 6–7,4 cm Flügelspannweite ist der Weiße Waldportier ein sehr großer Tagfalter. Quer über seine gleichmäßig dunkelbraunen Flügel zieht sich, scharf abgegrenzt, eine breite weiße Binde, die sich vorn in einzelne Flecken auflöst.

Vorkommen: Der hauptsächlich im südlichen Europa beheimatete Schmetterling kommt hierzulande nur lokal vor, im Bergland bis in etwa 1500 m Höhe. Man trifft ihn auf trockenen Lichtungen von Laubwäldern und Waldwiesen an, ebenso an sonnigen Waldsäumen und bewaldeten oder buschbestandenen Hängen.

Flugzeiten: Von Ende Juni bis Anfang September in einer Generation.

Lebensweise: Zur Nahrungsaufnahme saugt der Falter Blütennektar, Baumsäfte sowie Feuchtigkeit aus nasser Erde oder Kot. Zum Ausruhen setzt er sich meist an einen Baumstamm. Das Weibchen lässt seine Eier in niedrigem Flug einfach zu Boden fallen.

Raupe: Die unbehaarte, in verschiedenen Brauntönen langs gestreifte Raupe hat einen ockergelben Kopf mit schwärzlichen Streifen und einen kurzen Gabelschwanz. Sie frisst an Aufrechter Trespe und Schafschwingel, zwei häufigen Grasarten. Die Verwandlung zu einer gedrungenen, rotbraunen Puppe findet in einem Gespinstkokon am Grund eines dichten Grasbüschels statt.

Überwinterung: Als junge Raupe am Grund eines Grasbüschels.

> **Bestimmungstipp:** An der breiten weißen Binde auf der Flügelober- wie -unterseite ist der Weiße Waldportier leicht zu erkennen.

Beim Weißen Waldportier befindet sich an der Spitze der Vorderflügelunterseite ein kleiner schwarzer Augenfleck, der auf der lebhaft marmorierten Flügelfläche kaum auffällt.

Flügel braun

Weißbindiger Mohrenfalter, Großer Mohrenfalter, Milchfleck
Erebia ligea

Bestimmungstipp:
Im Gegensatz zu dem oberseits sehr ähnlichen Graubindigen Mohrenfalter haben beim Weißbindigen Mohrenfalter beide Geschlechter braunweiß gescheckte Flügelfransen.

Aussehen: Spannweite 4–4,8 cm. Während das Weibchen (großes Bild) eine ockergelbe bis orangefarbene Flügelbinde aufweist, ist diese bei dem insgesamt dunkleren Männchen sattrot. Beide Geschlechter tragen darin eine Anzahl kleiner Augenflecken.

Vorkommen: Feuchte Nadel- und Laubmischwälder des Hügel- und Berglands sind der Lebensraum dieses Tagfalters. Er kommt bei uns in den Mittelgebirgen und im Alpenraum vor, jedoch nicht über 1700 m, in der Norddeutschen Tiefebene fehlt er. Man kann ihn an Waldwegen und auf Lichtungen ebenso antreffen wie in blumenreichen Bachtälern.

Flugzeiten: Von Ende Juni bis Ende August in nur einer Generation.

Lebensweise: Zum Nektarsaugen bevorzugt der Falter Blüten, auf denen er bequem landen kann, vor allem violette, aber auch gelbe und weiße. Das Weibchen heftet seine Eier einzeln an dürre Grashalme.

Raupe: Die kurz behaarte, blass graubraune Raupe zeichnet sich durch einen dunklen Rücken- und helle Seitenstreifen aus und hat kurze Afterspitzen. Sie lebt an Waldsegge, Blaugras und anderen Grasarten. In ihrem zweiten Lebensjahr verpuppt sie sich am Boden zu einer braunen, schwarz gezeichneten Puppe.

Überwinterung: Als Ei, gelegentlich auch als frisch geschlüpfte Raupe, sowie ein zweites Mal als ausgewachsene Raupe in einem Grasbüschel.

An der namengebenden weißen Binde, die sich über die vordere Hälfte der Hinterflügelunterseite zieht, ist der Weißbindige Mohrenfalter leicht zu erkennen.

Flügel braun

Graubindiger Mohrenfalter, Waldteufel
Erebia aethiops

Aussehen: Spannweite 3,8–4,8 cm. Oberseits sehen sich Graubindiger und Weißbindiger Mohrenfalter recht ähnlich, jedoch ist der Fransensaum der Flügel beim Männchen des Graubindigen Mohrenfalters nur einfarbig hellbraun. Zudem macht die Flügelunterseite mit der blassgrauen Binde den Unterschied deutlich.

Vorkommen: Diesen Mohrenfalter trifft man in lichten Wäldern, auf Waldwiesen und an krautig bewachsenen Waldsäumen an, ebenso auf waldnahen, trockenen oder feuchten Wiesen sowie am Rand von Hochstaudenfluren, in den Alpen bis in eine Höhe von 2000 m.

Flugzeiten: Von Anfang Juli bis Ende September in nur einer Generation.

Lebensweise: Als Nahrungsquelle dienen dem Tagfalter nektarreiche Blüten, wobei er fast nur violett blühende Arten anfliegt. Bei der Suche nach Weibchen schwebt das Männchen langsam und niedrig über Wiesen oder Hochstaudenfluren. Nach der Befruchtung klebt das Weibchen seine Eier einzeln an Grashalme, zumeist nahe der Blattspitze.

Raupe: Die hell graubraune, kurz behaarte Raupe weist an den Seiten eine Reihe schwarzer Punkte auf. Sie frisst nachts an verschiedenen Gräsern, vorzugsweise weichblättrigen Arten. Zuletzt verpuppt sie sich am Boden zu einer gedrungenen, gelbbraunen Puppe, die sich kurz vor dem Schlüpfen des Falters tiefschwarz verfärbt.

Überwinterung: Als junge Raupe in der bodennahen Vegetation.

Seinen Namen verdankt der Schmetterling der breiten grauen Binde, die sich über die Unterseite des Hinterflügels zieht. Beim Männchen ist sie manchmal allerdings nur undeutlich ausgebildet.

Flügel braun

Rundaugen-Mohrenfalter
Erebia medusa

Aussehen: Die tief dunkelbraunen Flügel, die eine Spannweite von 4–4,8 cm aufweisen, tragen eine Reihe orangegelb umrandeter Augenflecken.

Vorkommen: Feuchte, ungedüngte Wiesen, auf denen das Gras hoch steht, sind der Lebensraum dieses weit verbreiteten Tagfalters. Und auch auf ausgesprochenen Sumpfwiesen kommt er vor, in den Alpen noch bis in 2600 m Höhe.

Flugzeiten: Von Anfang Mai bis Anfang August in nur einer Generation.

Lebensweise: Zur Nahrungsaufnahme saugen die Falter an den verschiedensten Blüten, im Moorbereich auch an nasser Erde. Das Weibchen lässt sich zur Eiablage auf grasbewachsenem Boden nieder, klettert an einem Halm empor und heftet in halber Höhe ein Ei daran, um sogleich wieder weiterzufliegen zur nächsten geeigneten Stelle.

Raupe: Die grasgrüne, im letzten Stadium braune Raupe hat kurze Borsten und zeichnet sich durch eine schwarze Rückenlinie, weißliche Seitenstreifen und kleine Afterzipfel aus. Sie lebt von verschiedenen Grasarten, an denen sie ausschließlich nachts frisst. Tagsüber hält sie sich am Boden verborgen. Zuletzt verwandelt sie sich in eine dicke, porzellanfarbene Puppe mit dunkelbraunen Streifen und Punkten, die gewöhnlich aufrecht inmitten eines Grasbüschels am Boden steht.

Überwinterung: Als halb ausgewachsene Raupe im bodennahen Bewuchs.

> **Bestimmungstipp:**
> Der Rundaugen-Mohrenfalter fliegt so früh im Jahr, dass er, zumindest nördlich des Alpenraums, im Frühjahr nicht zu verwechseln ist.

Die Flügelunterseite des Rundaugen-Mohrenfalters sieht praktisch genauso aus wie die Oberseite, allenfalls ein wenig heller braun, insbesondere beim Weibchen (im Bild).

Flügel braun

Gelbgefleckter Mohrenfalter
Erebia manto

Aussehen: Die tief dunkelbraunen Flügel, die eine Spannweite von 3,6–4,2 cm haben, zeichnet beim Männchen (großes Bild) eine rote, beim Weibchen eine ockergelbe Binde. Bei beiden Geschlechtern kann die Binde mehr oder weniger in einzelne Flecken aufgelöst sein und zuweilen kleine schwarze Punkte aufweisen.

Vorkommen: Der Gelbgefleckte Mohrenfalter ist ein Bewohner der Alpen zwischen 1200 und 2500 m Höhe. Man kann den Tagfalter dort vor allem auf blumenreichen Bergwiesen finden, zumeist etwa auf Höhe der Baumgrenze.

Flugzeiten: Von Ende Juni bis Mitte August in nur einer Generation.

Lebensweise: Wie auch die übrigen Mohrenfalter sucht der Gelbgefleckte Mohrenfalter zur Nahrungsaufnahme vorwiegend Blüten auf, gelegentlich saugt er auch an nassen Bodenstellen. Das Weibchen klebt seine Eier einzeln an die Halme von Gräsern.

Raupe: Die schlanke, grünliche bis ockerbraune Raupe hat schwarze Borsten und zeichnet sich durch Reihen kommaähnlicher, schwarzer Striche aus. Sie lebt an Schafschwingel und anderen Grasarten, an denen sie nachts frisst. Tagsüber hält sie sich am Boden verborgen. Mit der letzten Häutung verwandelt sie sich, frei am Boden liegend, in eine ockergelbe, schwarz gezeichnete Puppe.

Überwinterung: In einem frühen Raupenstadium, am Boden unter Gräsern.

> **Bestimmungstipp:**
> Ein wichtiges Merkmal des Gelbgefleckten Mohrenfalters sind die unregelmäßigen orange- oder ockergelben Flecken auf der Unterseite der Hinterflügel.

Beim Weibchen des Gelbgefleckten Mohrenfalters (Bild) sind die charakteristischen Flecken auf der Hinterflügelunterseite wesentlich stärker ausgeprägt als beim Männchen.

Flügel braun

Bergmohrenfalter
Erebia euryale

Aussehen: Spannweite 3,8–4,4 cm. Die Flügelbinden, die die dunkelbraunen Flügel schmücken und eine Reihe schwarzer Augenflecken tragen, variieren von ockergelb über rostbraun bis orangerot. Auf den Hinterflügeln sind sie meist in einzelne Flecken aufgelöst.

Vorkommen: Der Bergmohrenfalter ist in Mitteleuropa ein Bewohner der Alpen und verschiedener Mittelgebirge, z. B. des Bayerischen Waldes. Er fliegt an blumenreichen Waldrändern, auf Lichtungen und Bergwiesen, ebenso in Hochstaudenfluren entlang von Bachtälern, gewöhnlich zwischen 800 und 2400 m Höhe.

Flugzeiten: Von Mitte Juni bis Ende August in nur einer Generation.

Lebensweise: Der dunkle Tagfalter fliegt vergleichsweise langsam und meist knapp über dem Boden oder an Felswänden entlang. Zum Ruhen sitzt er gern auf Grashalmen oder Blüten. Als Nahrung dient ihm Blütennektar, bevorzugte Nektarpflanzen sind z. B. Habichtskraut und Arnika. Das Weibchen klebt seine Eier einzeln an die Halme der Raupenfuttergräser.

Raupe: Die schlanke Raupe ist blass ockerbraun und weist eine schwärzliche Rückenlinie auf. Sie lebt an verschiedenen Grasarten, an denen sie nachts frisst. Wenn sie die Verpuppungsreife erreicht hat, verwandelt sie sich am Boden zu einer gelblichen Puppe mit dunkler Zeichnung.

Überwinterung: Als Raupe in der Bodenvegetation, vermutlich oft zweimal.

Bestimmungstipp:
Der Bergmohrenfalter kann leicht mit dem Weißbindigen Mohrenfalter verwechselt werden, der allerdings über 1700 m Höhe nicht mehr vorkommt.

Die weißliche Binde auf der Unterseite des Hinterflügels kann beim Bergmohrenfalter unterschiedlich stark ausgeprägt sein.

Flügel braun

Gletscherfalter, Alpensamtfalter
Oeneis glacialis

Aussehen: Spannweite 4,6–5,5 cm. Die Flügel variieren in ihrer Grundfärbung von schwärzlich über rostbraun bis beigefarben, doch stets weisen sie einen dunklen Saum auf. Zudem trägt der Vorderflügel ein bis zwei, der Hinterflügel stets nur einen kleinen Augenfleck.

Vorkommen: Der Gletscherfalter kommt in den Alpen in Höhenlagen zwischen 1500 und 3000 m vor. Dort trifft man ihn vorwiegend an felsigen Steilhängen an.

Flugzeiten: Von Ende Mai bis Ende August in nur einer Generation.

Lebensweise: Der Tagfalter ernährt sich von Blütennektar, den er bevorzugt in den Blüten alpiner Polsternelken sucht. Zum Ruhen setzt er sich gern auf den Boden. Meist von einem einzelnen Stein oder Felsen aus verteidigt das Männchen sein Wohnrevier mit vehementen Flugattacken gegen andere Männchen. Das Weibchen legt seine Eier einzeln an dürre Grashalme.

Raupe: Die relativ schlanke Raupe ist rötlich braun mit schwarzen Rücken- und Seitenstreifen. Am Hinterende trägt sie zwei kurze Afterspitzen. Sie lebt vor allem an Schafschwingel, in Hochlagen vermutlich auch an anderen Grasarten. Zuletzt verpuppt sie sich zu einer rundlichen, braunen Puppe, die frei am Boden liegt.

Überwinterung: Als Raupe in der Streuschicht des Bodens, meist zweimal.

Besonderes: Wegen der zweijährigen Entwicklungszeit der Raupe tritt der Gletscherfalter in der Regel nur jedes zweite Jahr häufiger auf.

Bestimmungstipp: Bei Gletscherfaltern mit oberseits hellbraunen bis beigefarbenen Flügeln ist im Hochgebirge eine Verwechslung mit anderen Arten auszuschließen.

Unterseits zeigen die Hinterflügel des Gletscherfalters auf ihrer braun marmorierten Fläche eine markante helle Äderung.

Flügel braun

Großes Ochsenauge, Kuhauge
Maniola jurtina

Aussehen: Spannweite 4–5 cm. In der Spitze der Vorderflügel sitzt ein schwarzer Augenfleck mit weißem Kern. Davon abgesehen ist die Flügeloberseite des Männchens einheitlich braun, beim Weibchen (großes Bild) befindet sich auf dem Vorderflügel eine gelbliche oder rötliche, verlaufende Binde.

Vorkommen: Den weit verbreiteten und lokal recht häufigen Schmetterling trifft man auf ungedüngtem Grünland, an Böschungen und Waldrändern, zuweilen aber auch in lichten Wäldern an. Auf intensiv genutzten landwirtschaftlichen Flächen fehlt er hingegen. Im Gebirge kann man ihn bis in 1800 m Höhe antreffen.

Flugzeiten: Von Mitte Mai bis Oktober in lediglich einer Generation.

Lebensweise: Der sehr aktive Tagfalter fliegt gleichermaßen bei bedecktem Himmel wie bei Sonnenschein. Sein Flug ist langsam und flatternd, meist gleitet der Falter nur knapp über der Vegetation dahin. Nicht nur zum Nektarsaugen, sondern auch zum Ruhen sieht man ihn auf Blüten sitzen. Das Weibchen heftet seine Eier einzeln an Grashalme und dürre Pflanzenteile nahe dem Boden.

Raupe: Die fein behaarte, grasgrüne Raupe lebt an verschiedenen Grasarten, an denen sie nachts frisst. Am Ende des Raupenstadiums verpuppt sie sich, an einem Grashalm hängend, zu einer gelblich grünen Stürzpuppe mit dunkler Zeichnung.

Überwinterung: Als Raupe in der Bodenvegetation.

Auch auf der Flügelunterseite fällt bei beiden Geschlechtern des Großen Ochsenauges ein Augenfleck an der Vorderflügelspitze auf. Dagegen hat nur das Männchen zwei kleine schwarze Punkte in der hellen Binde des Hinterflügels.

Flügel braun

Schornsteinfeger, Brauner Waldvogel, Weißrandiger Mohrenfalter
Aphantopus hyperantus

Aussehen: Spannweite 3,8–4,8 cm. Das oberseits schwarzbraune Männchen trägt in der Regel zwei, das etwas heller braune Weibchen (großes Bild) nicht selten bis zu vier kleine, mehr oder weniger deutlich gelb gerandete Augenflecken auf den Flügeln.

Vorkommen: Der Schornsteinfeger besiedelt Waldränder und Lichtungen, Grabenböschungen und feuchte Wiesen mit hohen Gräsern. Im Bergland kommt er bis in 1600 m Höhe vor.

Flugzeiten: Von Anfang Juni bis Ende August in nur einer Generation.

Lebensweise: Zur Nahrungsaufnahme sucht der Tagfalter, bisweilen in kleinen Schwärmen, Blüten auf, wobei er violett blühende Blumen wie Wilden Dost, Witwenblume, Skabiosen und Kratzdisteln oder weiße Doldenblütler und Brombeeren bevorzugt. Vor allem morgens und abends, doch auch tagsüber setzt sich der Falter gern mit ausgebreiteten Flügeln zum Aufwärmen in die Sonne. Das Weibchen lässt seine Eier im Tiefflug über geeignetem Gelände zu Boden fallen.

Raupe: Die kurz behaarte, graubraune Raupe mit der schwärzlichen Rückenlinie lebt einzeln an verschiedenen Grasarten, deren Blätter sie nachts abfrisst. Sie verpuppt sich zu einer dicken, braun gestreiften Puppe, die aufrecht an der Basis eines Grasbüschels steht.

Überwinterung: Als halb ausgewachsene Raupe in der bodennahen Vegetation.

> **Bestimmungstipp:** Die weißlichen Fransensäume der Flügel heben sich vor allem beim Männchen des Schornsteinfegers kontrastreich vom Braun der Flügelfläche ab.

Die für den Schornsteinfeger typischen gelb umringten Augenflecken auf den Flügelunterseiten variieren sowohl in ihrer Zahl wie in der Anordnung.

Flügel braun

Braunauge
Lasiommata maera

Aussehen: Die braunen Flügel, die eine Spannweite von 4,4–5,2 cm haben, tragen an den Außenrändern eine Reihe rostroter Flecken. Darin befinden sich auf den Vorderflügeln ein großer, an den Hinterflügeln zwei bis drei kleine schwarze Augenflecken.

Vorkommen: Vor allem in lichten Wäldern, entlang von Waldwegen und an Waldrändern, aber auch in trockenwarmem, felsigem Gelände sowie auf Magerwiesen und Weiden trifft man das Braunauge an, im Gebirge bis in 2000 m Höhe.

Flugzeiten: Von Anfang Mai bis Ende September in 1 bis 2 Generationen.

Lebensweise: Bei der Nektarsuche ist der Tagfalter nicht auf bestimmte Pflanzen festgelegt, doch bevorzugt er in bergigen Regionen Arten, die in Felsritzen wachsen. Oft sitzen die Männchen wartend auf einem Stein oder einem gefällten Baumstamm, um ein vorüberfliegendes Weibchen abzupassen. Nach der Befruchtung legt das Weibchen seine Eier einzeln an trockene Grashalme.

Raupe: Die grasgrüne, kurz behaarte Raupe lebt an verschiedenen Grasarten, deren Blätter sie nachts frisst, während sie sich tagsüber unter den Grasbüscheln verborgen hält. Am Ende ihrer Raupenzeit verwandelt sie sich in eine weißlich grüne oder braunschwarze Stürzpuppe, die an Felsgestein oder Grashalmen aufgehängt ist.

Überwinterung: Als halb ausgewachsene Raupe in der bodennahen Vegetation.

> **Bestimmungstipp:**
> In Tieflagen tritt nicht selten eine hellere Form des Braunauges mit großen orangefarbenen Flügelpartien auf, jedoch bleibt die Basis der Hinterflügel weitgehend braun.

Beim Braunauge weist der große, auffällige Augenfleck auf der Unterseite des Vorderflügels meistens zwei weiße Kerne auf.

Flügel braun

Waldbrettspiel, Laubfalter
Pararge aegeria

Aussehen: Die braunen Flügel haben eine Spannweite von 4–4,5 cm. Weißliche bis gelbe Flecken in unregelmäßiger Anordnung zieren vor allem die Vorderflügel, auf den Hinterflügeln fallen drei gelb gerandete Augenflecken auf.

Vorkommen: Das Waldbrettspiel meidet die pralle Sonne. Es lebt in lichten Laubwäldern, am Waldrand, auf Lichtungen und an Waldwegen. Im Bergland kommt es bis in 1200 m Höhe vor.

Flugzeiten: Von Mitte März bis Oktober in 2–3 Generationen.

Lebensweise: Nur selten nimmt dieser Tagfalter Nektar auf. Stattdessen saugt er bevorzugt an austretendem Baumsaft oder Exkrementen, gelegentlich auch an reifen Früchten. Die Männchen setzen sich häufig mit halb geöffneten Flügeln auf ein sonnenbeschienenes Laubblatt. Dabei warten sie auf vorbeifliegende Weibchen. Sich nähernde Rivalen werden durch Flugattacken vertrieben. Ein begattetes Weibchen heftet seine Eier einzeln an Halme und Blätter der Raupenfuttergräser.

Raupe: Die schwach spindelförmige, grasgrüne Raupe ist kurz behaart und hat eine kleine, helle Schwanzgabel. Sie ernährt sich von verschiedenen Waldgräsern. Zuletzt verwandelt sie sich in eine grüne oder braune Stürzpuppe, die an der Basis von Grashalmen oder auf der Unterseite von Steinen angeheftet ist.

Überwinterung: Als Puppe, gelegentlich auch als halb ausgewachsene Raupe in der bodennahen Vegetation.

> **Bestimmungstipp:** Beim Weibchen des Waldbrettspiels (großes Bild) sind die Flügelflecken größer und meist auch heller und schärfer umrissen als beim Männchen.

Die grasgrüne Raupe des Waldbrettspiels ist an einer feinen, weißlichen bis gelben Doppellinie an den Körperseiten kenntlich.

Flügel braun

Schlüsselblumen-Würfelfalter, Frühlingsscheckenfalter
Hamearis (Nemeobius) lucina

Aussehen: Spannweite 2,5–3,4 cm. Auf den dunkelbraunen Flügeloberseiten finden sich zahlreiche orangefarbene, mehr oder weniger rechteckige Flecken.

Vorkommen: Der weit verbreitete, doch nirgendwo besonders häufige Tagfalter lebt an Waldrändern, auf Waldlichtungen, mäßig feuchten Waldwiesen und Moorwiesen sowie in buschigem Gelände. Man trifft ihn vor allem im Flachland, im Gebirge nur bis in etwa 1400 m Höhe.

Flugzeiten: Von Anfang April bis Mitte Juli in gewöhnlich einer Generation, südlich der Alpen meist in zwei Generationen.

Lebensweise: Der Tagfalter ist ein flinker, unruhig wirkender Schmetterling. Obgleich Blütennektar zu seiner Nahrung zählt, ist er doch kein häufiger Blütenbesucher. Die Männchen sitzen gern auf Pflanzen und warten auf vorbeiflatternde Weibchen. Diese heften ihre kugelrunden, glänzenden Eier einzeln oder in kleinen Grüppchen auf die Blattunterseiten von Schlüsselblumen.

Raupe: Die kurze, dickliche Raupe ist gelblich braun mit schwarzbraunen Flecken und einer hellen, feinen Behaarung. Tagsüber hält sie sich zwischen Pflanzen verborgen, nachts frißt sie an Blättern verschiedener Schlüsselblumenarten. Schließlich verwandelt sie sich zu einer weißen, schwarz gepunkteten Puppe, die mit einem feinen Gespinstgürtel an der Futterpflanze hängt.

Überwinterung: Als Puppe.

> **Bestimmungstipp:** Das wichtigste Kennzeichen des Schlüsselblumen-Würfelfalters sind die kontrastreich gezeichneten Flügelunterseiten.

Auf den Unterseiten der Hinterflügel finden sich beim Schlüsselblumen-Würfelfalter zwei Reihen leuchtend weißer Flecken.

Flügel braun

> **Bestimmungstipp:**
> Der Nierenfleck-Zipfelfalter ist der einzige mitteleuropäische Zipfelfalter, dessen Flügelunterseiten leuchtend orangefarben getönt sind.

Nierenfleck-Zipfelfalter, Nierenfleck, Birken-Zipfelfalter
Thecla betulae

Aussehen: Spannweite 3,5–4 cm. Nur das Weibchen trägt auf der Oberseite der Vorderflügel einen orangefarbenen, nierenförmigen Fleck, das Männchen ist oberseits in der Regel gänzlich dunkelbraun. Beide Geschlechter sind jedoch im Bereich der kleinen Zipfel an den Hinterflügeln etwas orange gefärbt.

Vorkommen: Dieser nur recht schwer zu beobachtende Tagfalter lebt in lichten Laubwäldern und auf buschbestandenen Hängen, nicht selten auch in Obstgärten. Im Bergland ist er bis in 1500 m Höhe anzutreffen.

Flugzeiten: Von Anfang Juli bis Mitte Oktober in nur einer Generation.

Lebensweise: Die meiste Zeit hält sich der Nierenfleck-Zipfelfalter im Bereich der Baumkronen auf. Gern ruht er auf sonnenbeschienenen Blättern. Als Nahrung saugt er Blütennektar, aber auch Honigtau, die zuckerreichen Ausscheidungen von Blattläusen. Die Weibchen legen ihre kalkweißen, nach oben kegelförmig zugespitzten Eier einzeln in Astgabeln und Rindenspalten der Raupenfuttergehölze.

Raupe: Die dicke, kurz behaarte Raupe weist auf ihrem grasgrünen Körper eine weißliche oder gelbliche Linienzeichnung auf. Sie lebt vorwiegend auf Schlehe, aber auch auf Pflaume, Süßkirsche und anderen Laubgehölzen. Zuletzt verwandelt sie sich in eine bräunliche, glatte Puppe, die frei auf dem Boden liegt.

Überwinterung: Als Ei.

Über die orangebraunen Flügelunterseiten des Nierenfleck-Zipfelfalters ziehen sich etwas dunklere, von weißen Linien gesäumte Binden.

Flügel braun

Bestimmungstipp:
Der Name »Weißes W« bezieht sich auf eine w-förmige weiße Linienzeichnung auf der Unterseite der Hinterflügel, die den Ulmen-Zipfelfalter von allen anderen europäischen Verwandten unterscheidet.

Ulmen-Zipfelfalter, Weißes W
Satyrium (Strymonidia) w-album

Aussehen: Spannweite 2,6–3,2 cm. Der oberseits einfarbig schwarzbraune Zipfelfalter trägt am Hinterflügel deutlich ausgeprägte schwanzartige Fortsätze. Seine erdbraunen Flügelunterseiten sind von weißen Linien durchzogen, die Hinterflügel säumt eine orangefarbene Randbinde aus u-förmig gebogenen Flecken.

Vorkommen: Der Zipfelfalter lebt vor allem in Wäldern, Auen- und Schluchtwäldern, in denen es Ulmen gibt, von den Niederungen bis in 1200 m Höhe.

Flugzeiten: Von Anfang Juni bis Anfang September in einer Generation.

Lebensweise: Man bekommt den braunen Tagfalter nur selten zu sehen, denn er hält sich überwiegend im Kronenbereich von Ulmen auf. Nur um Nektar zu saugen, flattert er zum Boden herab, wo er besonders gern weiße Doldenblüten, aber auch Brombeer- oder Ligusterblüten aufsucht. Das Weibchen heftet seine scheibenförmigen, in der Mitte durchsichtigen Eier einzeln an Ulmenzweige, und zwar gewöhnlich an die Basis von Knospen.

Raupe: Die asselförmige, kurz behaarte Raupe ist zunächst hellgrün und wird im Lauf der Zeit dunkler grün. Sie lebt auf Feldulme, Bergulme und anderen Ulmenarten, auf denen sie Knospen, Blüten und frische Blätter frisst. Am Ende ihres Raupendaseins verpuppt sie sich dann an der Rinde zu einer kompakten, bräunlichen Gürtelpuppe.

Überwinterung: Als Ei.

Der ähnliche Kreuzdorn-Zipfelfalter *(Satyrium spini)* zeichnet sich durch einen metallisch silberblau glänzenden Fleck auf der Unterseite der Hinterflügel, nahe dem Zipfel, aus. Er ist ein Bewohner warmer, felsdurchsetzter Trockenrasen.

Flügel braun

> **Bestimmungstipp:**
> Anders als beim Männchen zeigen beim Weibchen des Pflaumen-Zipfelfalters meist auch die Vorderflügel oberseits einige, allerdings oft stark verwischte, orangefarbene Flecken.

Pflaumen-Zipfelfalter
Fixenia (Strymonidia) pruni

Aussehen: Spannweite 3–3,2 cm. Der oberseits dunkelbraune Tagfalter weist am Rand der Hinterflügel eine Reihe orangefarbener Flecken auf. Breite orangefarbene Binden mit schwarzem Punktemuster zieren die etwas heller braunen Flügelunterseiten.

Vorkommen: Lebensraum dieses Zipfelfalters sind warme, sonnige Hänge mit Schlehenbeständen, vom Tiefland bis in 1200 m Höhe. Gelegentlich kann man ihn auch in Obstgärten beobachten.

Flugzeiten: Von Ende Mai bis Ende Juli in nur einer Generation.

Lebensweise: Der Pflaumen-Zipfelfalter saugt Nektar an Blüten, besonders gern an Brombeere, Himbeere, Holunder und Liguster. Das Weibchen legt seine schmutzig weißen Eier, die wie aufgeblasene Scheibchen aussehen, einzeln an die Rinde der Raupenfuttergehölze, meist in eine Zweiggabel.

Raupe: Die kurze, dicke, hellgrüne Raupe trägt kleine, blassbraune Warzen auf dem Rücken. Sie lebt vor allem auf Schlehe, aber auch auf Obstbäumen wie Zwetschge, Pflaume oder Mirabelle. Ihre Nahrung sind die Knospen, Blüten und frischen Austriebe der Gehölze. Die schwarzbraune Puppe, in die sie sich schließlich verwandelt, ist bizarr gezackt und trägt einen unregelmäßigen weißen Fleck, der Vogelkot vortäuschen soll. Folgerichtig ist sie nicht unterseits, sondern auf der Oberseite von Blättern oder Zweigen festgesponnen.

Überwinterung: Als Ei.

Der Braune Eichen-Zipfelfalter *(Satyrium ilicis)* legt seine Eier an den Zweigen von Eichen ab, von deren Laub sich seine Raupen ernähren. Vor allem die Weibchen dieser Art zeichnen sich oft durch einen großen orangefarbenen Fleck auf der Oberseite des Vorderflügels aus. Die weiße Linienzeichnung auf der Flügelunterseite ist in kurze Teilstriche aufgelöst.

Flügel braun

Grüner Zipfelfalter, Brombeer-Zipfelfalter
Callophrys rubi

Bestimmungstipp: An der grünen Färbung der Flügelunterseiten ist der Grüne Zipfelfalter leicht zu erkennen.

Aussehen: Spannweite 2,5–3 cm. Der oberseits unscheinbar braune Tagfalter hat ganzflächig grüne Flügelunterseiten. Ein dünner, über den Hinterflügel ziehender weißer Strich ist meist in einzelne Punkte aufgelöst.

Vorkommen: Lichte Wälder, trockenes, buschbestandenes Gelände sowie Heiden und Moore sind die hauptsächlichen Lebensräume dieses weit verbreiteten, aber nur noch selten in größerer Zahl auftretenden Zipfelfalters. Im Gebirge kommt er bis in 2000 m Höhe vor.

Flugzeiten: Von Anfang April bis gegen Ende August in 1–2 Generationen.

Lebensweise: Der Grüne Zipfelfalter vermag sehr schnell, doch immer nur über kurze Strecken zu fliegen. Dazwischen ruht er im Blattwerk, mit zusammengeklappten Flügeln bestens getarnt. Er ernährt sich vom Nektar der verschiedensten Wiesenblumen und Gehölzblüten. Befruchtete Weibchen legen ihre runden, reich strukturierten Eier einzeln neben Knospen der Raupenfutterpflanzen ab.

Raupe: Die kurz behaarte, asselförmige, kräftig grüne Raupe zeichnet sich durch weißlich gelbe Längs- und Schräglinien aus. Sie lebt auf vielerlei Pflanzen, z. B. auf Ginsterarten, Rotem Hartriegel, Rauschbeere oder Gewöhnlichem Sonnenröschen. Am Boden unter ihrer Futterpflanze verwandelt sie sich schließlich in eine rundliche, braune Puppe. Diese kann zirpende Geräusche hervorbringen.

Überwinterung: Als Puppe.

Das Weibchen des Grünen Zipfelfalters, das hier an Rauschbeerknospen seine Eier ablegt, ist dabei nicht nur durch die Farbe, sondern auch durch die Form seiner Flügel gut getarnt.

Flügel braun

Brauner Feuerfalter
Lycaena (Heodes) tityrus

Aussehen: Spannweite 2,5–3,2 cm. Das Weibchen (großes Bild) weist auf den orangefarbenen Vorderflügeln schwarze Flecken, auf den braunen Hinterflügeln am Rand eine Reihe orangefarbener Bogenflecken auf. Die bei beiden Geschlechtern gelbgrauen Flügelunterseiten tragen eine Vielzahl schwarzer Punkte sowie orangefarbene Randflecken.

Vorkommen: Der in Mittel- und Südeuropa verbreitete, jedoch nur selten in größerer Zahl auftretende Tagfalter lebt auf trockenen und feuchten Magerwiesen und Waldlichtungen sowie in steppenartigem Gelände, häufig auf sandigen Böden. Im Gebirge kann man ihn auf alpinen Matten bis in 2500 m Höhe antreffen.

Flugzeiten: Von Mitte April bis Anfang September in zwei Generationen, in höheren Lagen nur eine Generation.

Lebensweise: Die Falter saugen Nektar von vielerlei Blüten, ohne eine bestimmte Farbe zu bevorzugen. Das Weibchen klebt seine grünen Eier einzeln an die Unterseite von Sauerampferblättern.

Raupe: Die kurze, hellgrüne, bisweilen auch purpurviolette Raupe zeichnet sich durch eine feine weiße Punktierung und eine rötliche Behaarung aus. Sie lebt auf Wiesensauerampfer, Kleinem Sauerampfer und anderen Sauerampferarten. Wenn sie schließlich die Verpuppungsreife erreicht hat, verwandelt sie sich an der Nahrungspflanze in eine glatte, bräunliche, fein dunkel gesprenkelte Puppe.

Überwinterung: Als Raupe in bodennaher Vegetation.

Bestimmungstipp: In den Alpen oberhalb von 1000 m Höhe lebt eine Unterart des Braunen Feuerfalters, bei der beide Geschlechter oberseits fast einfarbig dunkelbraun sind.

Das dunkelbraune Männchen des Braunen Feuerfalters trägt meist orangefarbene Randflecken, die bei der Sommergeneration oft ausgeprägter sind als bei den Frühjahrsfaltern.

Flügel braun

Zwergbläuling
Cupido minimus

Bestimmungstipp: Sowohl die Ausdehnung wie der Farbton der blauen Überstäubung variiert beim Zwergbläulingsmännchen individuell sehr stark.

Aussehen: Mit nur 2–2,6 cm Flügelspannweite zählt der Zwergbläuling zu unseren kleinsten Tagfaltern. Das Männchen ist auf den dunkelbraunen Flügeloberseiten blau überstäubt, das Weibchen – von den weißen Fransensäumen abgesehen – einheitlich dunkelbraun.

Vorkommen: Man trifft den kleinen Bläuling auf Magerrasen und anderen trockenen, ungedüngten Flächen wie Brachland, Straßen- und Bahnböschungen an, in den Alpen bis hinauf auf 3000 m Höhe.

Flugzeiten: Von Anfang April bis Anfang September in 2–3 Generationen, im Hochgebirge meist nur eine Generation.

Lebensweise: Der Zwergbläuling fliegt eifrig von Blüte zu Blüte, wobei er besonders gern den Nektar von Wundklee aufnimmt. Doch er versorgt sich an feuchten Bodenstellen auch mit Wasser und Mineralstoffen. Das Weibchen heftet seine Eier einzeln an die Außenseite von Wundkleeblüten.

Auf den grauen Flügelunterseiten des Zwergbläulings ist eine unterschiedliche Anzahl schwarzer Punkte zu erkennen.

Raupe: Die kurze, dicke Raupe ist weißlich braun bis graugrün gefärbt und kurz behaart. Sie lebt, farblich bestens angepasst, in den Blüten- und Fruchtständen von Wundklee, von dessen heranwachsenden Samen sie sich ernährt. Erst zur Verpuppung verlässt sie dieses Quartier, um sich an einem Grashalm oder einem Pflanzenstängel zu einer grünlich gelben, schwarz gepunkteten Puppe zu verwandeln.

Überwinterung: Als fertig ausgewachsene Raupe in der bodennahen Vegetation.

Flügel braun

Bestimmungstipp: Vor allem die ungewöhnlich kräftigen schwarzen Flecken auf den Flügelunterseiten machen den Fetthennenbläuling unverwechselbar.

Fetthennenbläuling
Scolitantides orion

Aussehen: Spannweite 2,6–3,2 cm. Die schwarzbraune Flügeloberseite ist vor allem beim Männchen mehr oder weniger ausgedehnt blau bestäubt. Die dunklen, hellblau umzogenen Randflecken sind von braunweiß gescheckten Fransen gesäumt.

Vorkommen: Der in Mitteleuropa nur regional auftretende Tagfalter fehlt z. B. in Norddeutschland ganz. Seine Lebensräume sind trockene, besonnte Hänge mit Felsgestein, ebenso Bahndämme und Weinberge. In den Alpen kommt er von den Tälern bis hinauf in etwa 1300 m Höhe vor.

Flugzeiten: Von Anfang April bis Ende August in zwei Generationen; in höheren Lagen entwickelt sich meist nur eine Generation.

Lebensweise: Im Frühling sonnen sich die Wärme liebenden Falter gern auf altem Fallaub. Man sieht die eifrigen Blütenbesucher gelegentlich auch an Pfützen oder feuchten Bodenstellen saugen, um Wasser und die darin gelösten Mineralstoffe aufzunehmen. Die Weibchen legen ihre auffällig weißen Eier an Blätter und Stängel der Großen Fetthenne.

Raupe: Frisch geschlüpft, bohrt sich die kleine hellgrüne Raupe in eine zarte Triebspitze. Erwachsene Raupen, die einen karminroten Rückenstreifen aufweisen, fressen alle Teile ihrer Nahrungspflanze. Am Ende verwandeln sie sich am Fuß ihrer Futterpflanze zu einer gedrungenen, bräunlichen Puppe.

Überwinterung: Als Puppe.

Über die silbrig weiße Unterseite des Fetthennenbläulings zieht sich am Hinterflügel eine auffallende, orangerote Binde.

Flügel braun

> **Bestimmungstipp:** Deutliches Kennzeichen des Storchschnabelbläulings ist der breite weiße, verwischte Strich auf der Unterseite seiner Hinterflügel.

Storchschnabelbläuling, Schwarzbrauner Bläuling
Eumedonia eumedon

<u>Aussehen:</u> Spannweite 2,8–3,2 cm. Beide Geschlechter dieses Bläulings sind oberseits einheitlich schwarzbraun. Nur die weißen Fransensäume ihrer Flügel heben sich kontrastreich ab. Bei manchen Weibchen treten am hinteren Rand der Hinterflügel einige undeutliche orangefarbene Flecken auf (großes Bild).

<u>Vorkommen:</u> Auf feuchten Wiesen, an Waldrändern sowie an dicht bewachsenen Fluss- und Bachufern findet der Tagfalter geeigneten Lebensraum. Im Gebirge liegt seine Verbreitungsgrenze bei 2500 m Höhe. Die Flächen, auf denen dieser Schmetterling inselartig vorkommt, sind oft eng begrenzt, doch kann man ihn dort manchmal in größerer Zahl antreffen.

<u>Flugzeiten:</u> Von Mitte Mai bis Mitte August in nur einer Generation.

<u>Lebensweise:</u> Verschiedene hoch wachsende Storchschnabelarten dienen dem Falter nicht nur als bevorzugte Nektarquelle, das Weibchen legt auch seine Eier in Storchschnabelblüten.

<u>Raupe:</u> Die asselförmig dicke, kurz behaarte Raupe ist graugrün mit dunkelgrünen und hellen Längsstreifen. Sie lebt an verschiedenen Storchschnabelarten, wo sie als Jungraupe die Blüten und reifenden Früchte anfrisst, als herangewachsene Raupe dann die Blätter und Stängel. Zuletzt verpuppt sie sich im bodennahen Bewuchs zu einer blassgrünen, schwach behaarten Puppe.

<u>Überwinterung:</u> Als junge Raupe in Bodennähe.

Eine orangefarbene Zackenbinde sowie zahlreiche schwarze, weiß gerandete Punkte zieren die Flügelunterseiten des Storchschnabelbläulings.

Flügel braun

Gelbwürfeliger Dickkopffalter
Carterocephalus palaemon

Aussehen: Spannweite 2,4–3 cm. Die orangegelben, mehr oder weniger viereckigen Flecken auf der sonst dunkelbraunen Flügeloberseite sind das namengebende Merkmal für diesen Dickkopffalter.

Vorkommen: Auf buschbestandenen Wiesen und grasbewachsenen Flächen in offenem Waldland, an Waldwegen und Waldrändern, ebenso in Randbereichen gehölzreicher Moorgebiete kann man diesen Tagfalter antreffen. In Gebirgen kommt er noch in über 1500 m Höhe vor.

Flugzeiten: Von Ende April bis Mitte Juli in nur einer Generation.

Lebensweise: Bei sonnigem Wetter ist der Falter sehr aktiv und fliegt mit schwirrenden Flügelschlägen niedrig über dem Bodenbewuchs umher. Er ernährt sich von Blütennektar, saugt aber auch an feuchten Bodenstellen und Exkrementen. Das Weibchen legt seine Eier einzeln an die Blätter der Raupenfuttergräser.

Raupe: Die schlanke Raupe ist nach dem Schlüpfen noch grün, später wird sie strohgelb mit rotbraunen Linien. Sie lebt auf verschiedenen Grasarten. Die meiste Zeit sitzt sie in einer röhrenförmigen Schutzhülle aus zusammengesponnenen Grasblättern, die sie nur zum Fressen verlässt. Auch die Verpuppung zu einer schlanken, weißlichen Gürtelpuppe mit brauner Streifenzeichnung findet in dieser Schutzhülle statt.

Überwinterung: Als Raupe, in ein zusammengerolltes Blatt eingesponnen.

Bestimmungstipp: Mit den meist würfelförmigen, orangegelben Flecken auf den braunen Vorderflügeln ist der Gelbwürfelige Dickkopffalter unverwechselbar.

Auch die ockerbraun gefärbten Flügelunterseiten des Gelbwürfeligen Dickkopffalters haben große gelbe Flecken, die auf den Hinterflügeln sehr hell sind und eine dunkle Umrandung aufweisen.

Flügel braun

Kronwicken-Dickkopffalter, Dunkler Dickkopffalter
Erynnis tages

Aussehen: Spannweite 2,5–3 cm. Während sich auf der dunkelbraunen Flügeloberseite verschwommene hellere und dunklere Flecken ausbreiten, weisen die ockerbraunen Flügelunterseiten am Rand nur eine oder zwei Reihen feiner weißer Punkte auf.

Vorkommen: Der in Mitteleuropa weit verbreitete Tagfalter lebt auf sonnigen Magerwiesen und Heiden ebenso wie an grasigen Waldrändern, an Böschungen und Wegrainen. Im Gebirge kann man ihn bis in 2000 m Höhe antreffen.

Flugzeiten: Von Anfang April bis Ende August in zwei Generationen, in höheren Lagen nur eine Generation.

Lebensweise: Der Falter ernährt sich von Blütennektar, wobei er verschiedene Günselarten und Löwenzahn bevorzugt. Er fliegt typischerweise im Zickzackflug dicht über dem Boden dahin und sitzt gern auf offener Erde, wo er durch seine Flügelfärbung bestens getarnt ist. Die gelben, längs gerippten Eier werden einzeln auf den Blättern der Raupenfutterpflanzen abgesetzt.

Raupe: Die dickliche, graugrüne Raupe hat einen dunkelbraunen Kopf. Sie lebt auf Bunter Kronwicke, Gewöhnlichem Hornklee sowie Hufeisenklee, wo sie – außer beim Fressen – in einer Schutzhülle aus zusammengesponnenen Blättchen sitzt. Zuletzt verwandelt sie sich in eine schwarzbraune Puppe, die in einem losen Gespinst in der Moosschicht liegt.

Überwinterung: Als Raupe in ihrem Blattgehäuse.

Bestimmungstipp: Mit seiner dunkelbraunen, nur wenig gezeichneten Flügeloberseite ähnelt der Kronwicken-Dickkopffalter keiner anderen Art in Mitteleuropa.

Anders als Tagfalter, die ihre Flügel in Ruhehaltung über dem Körper zusammenklappen, schläft der Kronwicken-Dickkopffalter mit dachförmig an den Körper angelegten Flügeln.

Flügel braun

Malven-Dickkopffalter, Malvenfalter
Carcharodus alceae

Aussehen: Spannweite 2,6–3 cm. Die Flügeloberseiten weisen eine Marmorierung in helleren und dunkleren Brauntönen auf, unterseits sind die Flügel ähnlich gemustert, nur insgesamt eher gelblich braun. Der hintere Rand der Hinterflügel ist unregelmäßig gebuchtet.

Vorkommen: Trockenwarme Steppenlandschaften und trockene Flusstäler, sonnige Straßengräben und Bahndämme sind Lebensräume dieses sonnenliebenden Tagfalters. Er ist im mittel- und süddeutschen Raum verbreitet, nur in günstigen Jahren wandert er von hier auch in die Norddeutsche Tiefebene ein.

Flugzeiten: Von Anfang April bis Mitte September in 2 bis 3 Generationen.

Lebensweise: Der stets einzeln fliegende Tagfalter lässt sich gern auf dem Boden nieder. Er schläft wie ein Nachtfalter mit dachziegelartig zusammengelegten Flügeln. Das Weibchen setzt seine dunkelbraunen Eier einzeln auf den Blattoberseiten der Raupenfutterpflanzen ab.

Raupe: Die dickliche, kurz behaarte Raupe ist grau und hat einen schwarzen Kopf. Hinter dem Kopf fällt ein schwarzer »Halskragen« mit gelben Flecken auf. Auf ihren Nahrungspflanzen, verschiedenen Malvenarten, sitzt sie in einem aufgerollten Blatt, das sie nur zum Fressen verlässt. Die Verwandlung zu einer schlanken, braunen, bläulich bereiften Puppe erfolgt entweder in ihrer letzten Blatthülle oder in Bodennähe.

Überwinterung: Als ausgewachsene Raupe in einer Blatthülse oder in der bodennahen Vegetation.

> **Bestimmungstipp:** Bei genauem Hinsehen entdeckt man auf den Vorderflügeln des Malven-Dickkopffalters zwischen den Adern einige kurze weiße Querbändchen.

Der ähnliche Heilziest-Dickkopffalter *(Carcharodus flocciferus)* weist in seiner Flügelfärbung etwas mehr Grau auf als der Malven-Dickkopffalter, und die kleinen weißen Flecken sind deutlicher ausgebildet.

Flügel braun

Kleiner Würfel-Dickkopffalter, Malven-Würfelfleckfalter
Pyrgus malvae

<u>Aussehen:</u> Spannweite 2,2–2,6 cm. Die schwarzbraunen Flügeloberseiten dieses kleinen Dickkopffalters sind mit einer Vielzahl würfelförmiger weißer Flecken kontrastreich gezeichnet. Auf den grünlich braunen Flügelunterseiten fallen ein lebhaftes Scheckenmuster sowie gelblich bestäubte Adern auf.

<u>Vorkommen:</u> Lebensräume dieses weit verbreiteten Schmetterlings sind Magerwiesen, Heideflächen, Waldränder, Straßenböschungen und Feldraine. Im Gebirge kann man ihn bis in 2000 m Höhe antreffen.

<u>Flugzeiten:</u> Von Anfang April bis August in meist nur einer Generation.

<u>Lebensweise:</u> In schnellem Flug schwirrt der Falter nahe über dem Boden hin und her. Er sonnt sich gern am Boden, wobei er die Flügel schräg aufwärts hält. Das Weibchen heftet seine hellgrünen Eier einzeln an die Blattunterseiten der Raupenfutterpflanzen.

<u>Raupe:</u> Die kurz und borstig behaarte Raupe ist grün bis braungrün und hat einen dicken, schwarzbraunen Kopf. Sie lebt auf verschiedenen krautigen Pflanzen, etwa Fingerkraut, Odermennig oder Walderdbeere, wobei sie gewöhnlich in einem Versteck aus zusammengesponnenen Blättern oder Blattteilen sitzt. Am Fuß der Nahrungspflanze verpuppt sie sich schließlich in einem Kokon zu einer dicht beborsteten, braunen, bläulich bereiften Puppe.

<u>Überwinterung:</u> Als Puppe, gelegentlich zweimal.

> **Bestimmungstipp:**
> Der Kleine Würfel-Dickkopffalter unterscheidet sich von ähnlichen, aber nur lokal vorkommenden Arten vornehmlich durch die höhere Zahl weißer Flecken auf seiner Flügeloberseite.

Gelegentlich tritt eine etwas anders gemusterte Form des Kleinen Würfel-Dickkopffalters auf, die auf den Vorderflügeln weniger, dafür aber viel größere weiße Flecken trägt.

Flügel braun

Steppenheiden-Würfel-Dickkopffalter, Dunkelbrauner Würfel-Dickkopffalter
Pyrgus fritillarius

Aussehen: Mit einer Flügelspannweite von 3–3,4 cm gehört dieser Schmetterling zu unseren größten Dickkopffaltern. Viele würfelförmige weiße Flecken überziehen seine braunen Flügeloberseiten. Unterseits trägt er ein lebhaftes Fleckenmuster in Olivbraun und Weiß.

Vorkommen: Der ziemlich seltene und nur lokal auftretende Tagfalter fliegt auf gebüschreichen Halbtrockenrasen, auf Steppenheiden, in Steinbrüchen und lichten Föhrenwäldern. In den Alpen kommt er bis in 2200 m Höhe vor.

Flugzeiten: Von Mitte Mai bis Anfang September in nur einer Generation.

Lebensweise: In schnellem, schwirrendem Flug eilt der Falter bei der Nahrungssuche von Blüte zu Blüte. In Ruhe hält er, wie viele Dickkopffalter, die Hinterflügel waagrecht ausgebreitet, während die Vorderflügel schräg nach oben weisen. Das Weibchen klebt seine Eier einzeln an Blattunterseiten der Raupenfutterpflanzen.

Raupe: Die grüngraue oder braune, weißlich behaarte Raupe hat einen dicken schwarzen Kopf. Sie lebt auf Gänsefingerkraut und anderen Fingerkrautarten sowie auf verschiedenen Eibischarten. Auf ihren Nahrungspflanzen sitzt sie zwischen zusammengesponnenen Blättern, die sie nur zum Fressen verlässt. Zuletzt verwandelt sie sich in der Moosschicht in eine braunschwarze, mit dichten Borsten besetzte Puppe.

Überwinterung: Als Raupe.

> **Bestimmungstipp:** Der Steppenheiden-Würfel-Dickkopffalter ist deutlich größer als der Kleine Würfel-Dickkopffalter, sieht diesem ansonsten aber recht ähnlich.

Der Schwarzbraune Würfel-Dickkopffalter *(Pyrgus serratulae)* unterscheidet sich durch seine geringere Größe und durch die hellere, glänzende Grundfärbung seiner Flügeloberseiten.

Flügel braun

Bestimmungstipp: Die graubraune, rindenartige Färbung der Vorderflügel macht den Kiefernschwärmer unverwechselbar.

Kiefernschwärmer
Hyloicus pinastri

Aussehen: Die schmalen, graubraunen Vorderflügel des Kiefernschwärmers erreichen eine Spannweite von 7,5–9 cm. Sie sind mit einigen kurzen schwarzen Strichen gezeichnet, während die wesentlich kleineren, braunen Hinterflügel ungemustert sind. Der dicke Hinterleib zeigt eine weißliche Querbänderung.

Vorkommen: Der in Mitteleuropa ziemlich häufige Nachtfalter ist ein Bewohner von Nadelwäldern, insbesondere von Kiefernwäldern mit sandigem Untergrund, aber auch von Fichtenwäldern. Im Gebirge kommt er bis in 1600 m Höhe vor.

Flugzeiten: Von Ende April bis Anfang September in 1 bis 2 Generationen.

Lebensweise: Der Kiefernschwärmer fliegt ab der frühen Dämmerung bis spät in die Nacht. Er saugt Nektar aus stark duftenden Blüten, etwa des Geißblatts. Tagsüber ruht er, durch seine Flügelfärbung bestens getarnt, an Nadelbaumstämmen. Das Weibchen heftet seine hellgrünen Eier an Nadelblätter.

Raupe: Die bis zu 9 cm lange, unbehaarte Raupe ist in den ersten Häutungsstadien grün mit weißen Seitenstreifen, ausgewachsen grün oder rötlich grau mit einem breiten rotbraunen Rückenstreifen. Zur Verpuppung kriecht sie von ihrem Futterbaum, einer Kiefer oder Fichte, gelegentlich auch einer Lärche, herab, um sich in einer kleinen Höhlung im Boden in eine dunkelbraune Puppe zu verwandeln.

Überwinterung: Als Puppe.

Am Rückenende trägt die Raupe des Kiefernschwärmers ein dünnes, schwarzes Horn. Die Längsstreifen auf ihrem Körper stellen auf Nadelzweigen eine gute Tarnung dar.

Flügel braun

Pappelschwärmer
Laothoe populi

Aussehen: Spannweite 7–9 cm. Die graubraunen, am Saum gewellten Flügel dieses Nachtfalters sind mit hell- und dunkelbraunen Querbändern und Linien gezeichnet.

Vorkommen: Der in ganz Mitteleuropa weit verbreitete und gebietsweise nicht seltene Schwärmer ist in feuchten Wäldern, an Bach- und Flussufern sowie in Moorgebieten, von den Niederungen bis hinauf in 2000 m Höhe beheimatet. Auch in Parks und Gärten kommt er gelegentlich vor.

Flugzeiten: Von Anfang März bis Ende September in 1–2 Generationen.

Lebensweise: Der nachtaktive Falter ruht tagsüber an Baumstämmen, wobei er typischerweise die Hinterflügel ausstellt und die Vorderflügel herabhängen lässt. Er nimmt als Falter keinerlei Nahrung auf, sein Saugrüssel ist verkümmert – sein Lebenszweck ist allein die Fortpflanzung. Das Weibchen heftet seine glänzend grünen Eier meist einzeln, manchmal aber auch in kleinen Gruppen an die Blattunterseiten der Raupennahrungsbäume.

Raupe: Die bis zu 9 cm große, meist gelbgrüne Raupe ist an den gelben Schrägstreifen an den Seiten erkennbar. Sie lebt an Pappel- und Weidenarten, wo sie gewöhnlich auf der Unterseite der Blätter sitzt. Die Verwandlung in eine schwarzbraune, plumpe Puppe findet am Boden in einer kleinen Höhlung dicht unter der Erdoberfläche statt.

Überwinterung: Als Puppe.

Bestimmungstipp:
Die Hinterflügel des Pappelschwärmers tragen an ihrer Basis einen kräftig rostroten Fleck, der erst sichtbar wird, wenn der Falter bei einer Störung die Vorderflügel weit öffnet.

Ein gerades, gelbgrünes Hinterleibshorn ist typisch für die Raupe des Pappelschwärmers.

Flügel braun

Eichenspinner
Lasiocampa quercus

Aussehen: Während das Männchen eine Flügelspannweite von 5–5,8 cm hat, bringt es das Weibchen auf 6–6,8 cm. Bei beiden Geschlechtern sitzt im Zentrum der Vorderflügel ein kleiner weißer Fleck.

Vorkommen: Lichte Wälder, Hochmoore, Heckenlandschaften und Heiden, aber auch subalpine Zwergstrauchheiden sind die Lebensräume dieses Nachtfalters. Er ist in Mitteleuropa vom Tiefland bis in 2000 m Höhe verbreitet, fehlt jedoch gebietsweise völlig.

Flugzeiten: Von Mitte Mai bis September in nur einer Generation.

Lebensweise: Die Falter haben einen verkümmerten Saugrüssel, sodass sie keinerlei Nahrung aufnehmen können. An sonnigen Tagen sind die Männchen zu beobachten, wie sie in schnellem Zickzackflug nach Weibchen suchen. Diese sitzen tagsüber träge an bodennahen Pflanzen und werden erst in der Dämmerung aktiv. Befruchtete Weibchen flattern um Buschwerk herum und lassen ihre Eier dabei einfach zu Boden fallen.

Raupe: Die erwachsene Raupe ist schwarz und dicht hellbraun behaart. An den Seiten trägt sie einen Streifen aus weißen Flecken. Sie lebt auf Eiche, Weide, Brombeere, Birke und anderen Laubholzarten. Zuletzt fertigt sie in der Laubstreu am Boden einen dichten Kokon, in dem sie sich in eine braune Puppe verwandelt.

Überwinterung: Als junge Raupe in der bodennahen Vegetation, in kühleren Regionen außerdem 1–2 weitere Male als Puppe.

Bestimmungstipp: Die Flügelfärbung von Eichenspinnermännchen kann recht unterschiedlich von hell- bis dunkelbraun ausfallen, doch stets zieht sich ein gelbliches Querband über alle Flügel.

Das Weibchen des Eichenspinners ist ockergelb und viel kontrastärmer gezeichnet als das Männchen.

Flügel braun

Birkenspinner
Endromis versicolora

Aussehen: Die lebhaft rotbraun und weiß gemusterten Flügel haben beim Männchen eine Spannweite von 5,5–6 cm, beim Weibchen von 6,7–7,5 cm. Zudem unterscheidet sich das Männchen durch eine intensivere Färbung sowie durch breite, kammartig gefiederte Fühler vom Weibchen.

Vorkommen: Der in Mitteleuropa vom Tiefland bis in 1500 m Höhe weit verbreitete Nachtfalter ist nur selten zu beobachten. Er lebt in lichten Laub- und Laubmischwäldern mit Birkenbeständen sowie in Mooren.

Flugzeiten: Von Anfang März bis Anfang Mai in einer Generation.

Lebensweise: Der kurzlebige Falter hat einen verkümmerten Saugrüssel und kann daher keine Nahrung aufnehmen. An sonnigen Tagen fliegen die Männchen suchend umher, um paarungsbereite Weibchen zu finden. Diese sitzen träge an den Pflanzen und senden ihren Lockduft aus. Nach Einbruch der Dunkelheit heften die befruchteten Weibchen ihre länglichen Eier, zumeist in säuberlichen Doppelreihen, an Zweigspitzen der Raupennahrungsbäume.

Raupe: Die unbehaarte Raupe ist zunächst schwärzlich bis dunkelgrün, ausgewachsen dann lebhaft hellgrün gefärbt. Sie frisst vorwiegend auf Birke, seltener auch auf anderen Laubholzarten. Zur Verpuppung fertigt sie sich ein netzartiges Gespinst am Boden. Die Puppe selbst ist schwarz und gedrungen.

Überwinterung: Als Puppe, oft zweimal.

> **Bestimmungstipp:** Die ausgewachsene Raupe des Birkenspinners erkennt man an gelblich weißen Schrägstreifen und weiß umrandeten Atemöffnungen an den Seiten sowie einem hellen Höcker am Hinterende.

Zunächst leben die jungen schwärzlichen bis dunkelgrünen Raupen gesellig. Erst im letzten Häutungsstadium, nunmehr hellgrün gefärbt (Bild), vereinzeln sie sich.

Flügel braun

Kupferglucke
Gastropacha quercifolia

Aussehen: Spannweite des Männchens 5,2–5,5 cm, des Weibchens 7–8,5 cm. Körper und Flügel dieses Nachtfalters sind kräftig kupferbraun, die Flügel haben einen gewellten Saum und oft einen blauvioletten Metallschimmer. Der ruhende Falter sieht einem welken Blatt täuschend ähnlich.

Vorkommen: Die Lebensräume der Kupferglucke sind lichte Laub- und Mischwälder, Moorgebiete und Heckenlandschaften. Auch in Parks und Obstgärten ist sie zu Hause. In bergigen Regionen kommt sie nur bis etwa 900 m Höhe vor.

Flugzeiten: Von Mitte Juni bis August in einer Generation, im Süden Mitteleuropas zwei Generationen.

Lebensweise: Der nachtaktive Falter ist nur kurzlebig. Aufgrund seines verkümmerten Saugrüssels nimmt er keine Nahrung auf. Das Weibchen legt seine weißen, mit grünen Streifen gezeichneten Eier in kleinen Gruppen an Zweige oder Blätter der Raupenfuttergehölze.

Raupe: Die behaarte, rindengraue bis dunkelbraune Raupe kann bis zu 12 cm lang werden. Sie lebt vor allem an Schlehe, aber auch an Weißdorn, Faulbaum und anderen Laubholzarten. Tagsüber ruht sie an einen Zweig geheftet, nachts frisst sie an den Blättern. Schließlich fertigt sie im Gezweig einen dicken, spindelförmigen Kokon, in dem sie sich in eine schwarze, weiß bestäubte Puppe verwandelt.

Überwinterung: Als halb ausgewachsene Raupe, an einen Zweig geschmiegt.

Bestimmungstipp: Die große Kupferglucke ist nicht nur an ihrer Färbung, sondern auch an ihrer typischen Ruhehaltung, bei der die Hinterflügel seitlich weit unter den Vorderflügeln hervortreten, zu erkennen.

Die Raupen der Kupferglucke variieren in Färbung und Musterung beträchtlich. Ausgewachsene Exemplare tragen rote oder rotbraune, paarig angeordnete Knopfwarzen auf dem Rücken.

Flügel braun

Kiefernspinner
Dendrolimus pini

Aussehen: Spannweite beim Männchen 5–6 cm, beim Weibchen 6,5–7,5 cm. Beide Geschlechter dieses Nachtfalters sind in ihrer Grundfärbung sehr variabel, von hellgrau über grau- und rotbraun bis schwärzlich. Die mehr oder weniger stark marmorierten Vorderflügel tragen stets einen kleinen, weißen Mittelfleck, während die Hinterflügel einfarbig braun sind.

Vorkommen: Der in Mitteleuropa weit verbreitete Kiefernspinner ist ein Bewohner von Nadelwald, vorzugsweise von Kiefernwald. In Gebirgen tritt er bis in über 1600 m Höhe auf.

Flugzeiten: Von Ende Mai bis Mitte August in nur einer Generation.

Lebensweise: Der nachtaktive Falter hat einen verkümmerten Saugrüssel und nimmt daher keine Nahrung mehr auf. Die Männchen sind wesentlich flugaktiver als die Weibchen. Diese heften ihre Eier in Gruppen an die Rinde von Nadelzweigen.

Raupe: Die bis zu 8 cm lange Raupe ist braunweiß marmoriert und weißlich behaart. Sie lebt in den Baumkronen von Kiefern und Fichten, seltener auch auf Weißtannen, wo sie die Nadeln frisst. Zur Verpuppung fertigt sie sich einen braunen, länglichen Kokon, der in einer Rindenspalte oder zwischen Nadeln angesponnen wird. Darin verwandelt sie sich in eine schwarzbraune, rötlich behaarte Puppe.

Überwinterung: Als halb ausgewachsene Raupe, zusammengerollt in der Bodenstreu.

> **Bestimmungstipp:** Charakteristisch für die ausgewachsene Raupe des Kiefernspinners sind zwei blaue Nackenflecken und eine Reihe rautenförmiger, dunkel umgrenzter Rückenflecken.

Mit Vorliebe ernährt sich die Raupe von Kiefernnadeln, doch sie frisst auch Fichtennadeln.

Flügel braun

Schlehen-Bürstenspinner, Schlehenspinner
Orgyia antiqua

Bestimmungstipp: Die beiden leuchtend weißen Flecken auf den Vorderflügeln machen das Männchen des Schlehen-Bürstenspinners unverkennbar. Ähnliche Arten tragen entweder mehrere helle Flecken, oder sie sind kleiner.

<u>Aussehen:</u> Das Männchen dieses Nachtfalters hat eine Flügelspannweite von 2,8–3,2 cm. An der Innenseite seiner rostbraunen Vorderflügel befindet sich ein auffälliger weißer Fleck. Die Flügel des Weibchens sind zu winzigen Stummeln verkümmert, sein dicker Hinterleib ist gelbbraun wollig behaart.

<u>Vorkommen:</u> Der in Mitteleuropa weit verbreitete Schmetterling bewohnt Laub- und Mischwälder, aber auch Parks und Gärten. Im Gebirge tritt er bis in über 1700 m Höhe auf.

<u>Flugzeiten:</u> Von Mitte Mai bis Mitte Oktober in 2–3 Generationen.

<u>Lebensweise:</u> Das Männchen fliegt bei Sonnenschein und auch nachts in raschem, unstetem Flug umher, um Weibchen zu suchen. Das flugunfähige Weibchen sitzt meist auf dem leeren Puppenkokon, aus dem es geschlüpft ist, und lockt mit seinem arteigenen Duftstoff Männchen an. Auch die Eiablage erfolgt meist auf dem alten Puppengespinst, die Eier werden in großen Gruppen dicht aneinander gesetzt.

<u>Raupe:</u> Die behaarte, schwärzliche Raupe hat rote Warzen und auf dem Rücken vier dicke, bürstenartige Haarschöpfe. Sie lebt auf Schlehe, Pappel, Weide und vielen anderen Laubholzarten, ebenso auf zahlreichen Wild- und Gartenstauden. Die Verpuppung findet in einem lockeren Gespinst an einem Baumstamm, zwischen Blättern oder an einem dicken Pflanzenstängel statt.

<u>Überwinterung:</u> Als Ei.

Die auffälligen Haarbürsten auf dem Rücken ausgewachsener männlicher Raupen des Schlehen-Bürstenspinners sind hellgelb, die der weiblichen Raupe hingegen bräunlich.

Flügel braun

Rosen-Eulenspinner, Roseneule
Thyatira batis

Aussehen: Der Nachtfalter hat eine Spannweite von 3,5–4 cm. Seine schimmernden, braunen Vorderflügel tragen große, rundliche, weiße Flecken, die rotbraun und meist auch rosafarben gefüllt sind. Die graubraunen Hinterflügel werden zu ihrer Basis hin heller.

Vorkommen: Der in weiten Teilen Mitteleuropas verbreitete und gebietsweise nicht seltene Nachtfalter lebt in lichten Laub-, Misch- und Nadelwäldern mit reichlich Unterholz, insbesondere entlang von Waldwegen und -rändern, aber auch in Parks und Gartenlandschaften. Er tritt von den Niederungen bis in 1500 m Höhe auf.

Flugzeiten: Von Ende April bis September in 1–2 Generationen.

Lebensweise: Der nachtaktive Falter fliegt ab der Dämmerung aus, um Nektar zu suchen. Tagsüber hält er sich in der Vegetation verborgen. Das Weibchen legt seine Eier in kleinen Gruppen an den Blatträndern von Beerensträuchern ab.

Raupe: Die zunächst gelblich grüne Raupe nimmt im Laufe des Wachstums verschiedene Brauntöne an, manchmal ist sie mit einem weißen Fleck gezeichnet. Auf ihrem Rücken reihen sich zackenförmige Höcker. Sie lebt einzeln auf Himbeere und Brombeere, gelegentlich auch auf Kratzbeere. Die Verpuppung erfolgt in einem Gespinst zwischen Blättern ihres Futterstrauchs oder im Falllaub am Boden. Die dunkelbraune Puppe ist gelbbraun gefleckt.

Überwinterung: Als Puppe.

> **Bestimmungstipp:** Die großen, meist rosa übertönten Flecken auf den Flügeln unterscheiden den Rosen-Eulenspinner von allen anderen heimischen Schmetterlingen.

U-förmig zusammengekrümmt ruht die Raupe des Rosen-Eulenspinners auf einem Blatt. Um Feinde zu täuschen, ahmt sie mit ihrer Körperhaltung und -färbung Vogelkot nach.

Flügel braun

Bestimmungstipp: Die sattgelben Hinterflügel mit der schmalen schwarzen Randbinde sind ein kennzeichnendes Merkmal der Hausmutter.

Hausmutter
Noctua pronuba

Aussehen: Spannweite 5–6 cm. Die in unterschiedlichen Brauntönen gefärbten Vorderflügel tragen eine mehr oder weniger ausgeprägte Hell-Dunkel-Zeichnung. Bei einer Bedrohung präsentiert der Nachtfalter seine kräftig gelben Hinterflügel.

Vorkommen: Die Hausmutter besiedelt die unterschiedlichsten Lebensräume, von voll besonnten bis zu feuchten, halbschattigen Standorten. In den Alpen ist sie noch in 3000 m Höhe anzutreffen. Sie kommt häufig auch auf vorwiegend landwirtschaftlich genutzten Flächen sowie in Parks und Gärten vor.

Flugzeiten: Von Ende April bis Oktober in nur einer – sehr langlebigen – Generation.

Wenn die Hausmutter mit geschlossenen Flügeln an Baumstämmen oder dürren Pflanzenstängeln ruht, ist sie leicht zu übersehen.

Lebensweise: Der Falter fliegt nachts, seltener auch am Tag. Er ernährt sich von Blütennektar, saugt aber auch an austretenden Baumsäften und reifen Früchten. Das Weibchen heftet seine graurötlichen Eier in einem dichten Gelege an Grashalme oder andere Pflanzenstängel und -blätter.

Raupe: Die unbehaarte, dickliche, grüne bis erdbraune Raupe ist mit feinen hellen Linien und schwarzen Fleckenreihen gezeichnet. Tagsüber vergräbt sie sich in der Erde, nachts frisst sie an vielerlei Wildkräutern, Gräsern und Kulturpflanzen, darunter Brennnessel, Ampfer-, Kohl- und Salatarten sowie an verschiedenen Sträuchern. Auch die Verwandlung in eine braune, lang gestreckte Puppe findet in der Erde statt.

Überwinterung: Als Raupe, im Boden eingegraben.

Flügel braun

Gammaeule
Autographa gamma

Aussehen: Spannweite 3,5–4,2 cm. Die Vorderflügel dieses Nachtfalters weisen eine rindenartige Marmorierung in Braun und Grau auf, die hell gelblich grauen Hinterflügel eine breite braune Saumbinde.

Vorkommen: Als klassischer Wanderfalter ist die Gammaeule, eine unserer häufigsten Schmetterlingsarten, in den meisten Naturräumen vertreten, vor allem in der offenen Landschaft, so z. B. auf Magerwiesen, Heiden und Brachland, aber auch auf Klee- und Luzernefeldern, in Parks und Gärten. Im Gebirge kommt sie noch in über 2000 m Höhe vor.

Flugzeiten: Von April bis November in mehreren Generationen, die größtenteils von Einwanderern aus dem Süden Europas gebildet werden. Im Hochsommer und Herbst fliegen diese dann teilweise wieder zurück.

Lebensweise: Die Gammaeule fliegt bei Tag ebenso wie bei Nacht. Sie ernährt sich von Blütennektar. Das Weibchen legt seine Eier einzeln oder in Grüppchen an Raupenfutterpflanzen.

Raupe: Die grüne Raupe mit dünnen weißlichen Längsstreifen ist spärlich mit Borsten besetzt. Sie frisst, gewöhnlich nachts, an vielerlei Wild- und Kulturpflanzen, z. B. Brennnessel, Kleearten, Saatluzerne, Kohl- und Salatarten. Zuletzt fertigt sie sich zwischen Blättern einen silbrig glänzenden Kokon, in dem sie sich in eine schwarzbraune Puppe verwandelt.

Überwinterung: Als Raupe oder Puppe, nördlich der Alpen nur bei günstigen klimatischen Bedingungen.

Bestimmungstipp: Kennzeichnendes Merkmal der Gammaeule ist eine weiße Zeichnung in der Mitte der Vorderflügel, die wie der griechische Buchstabe Gamma aussieht.

Der Leib der Gammaeulenraupe ist hinten dicker als im vorderen Teil.

Flügel braun

Scheck-Tageule, Klee-Bunteule
Callistege mi

<u>Aussehen:</u> Spannweite 2,8–3,2 cm. Auf den Vorderflügeln vereinigen sich braune und graue Partien mit weißen Linien und schwarzen Punkten zu einem kontrastreichen Muster. Über die braunen Hinterflügel ziehen sich zwei gepunktete, weißliche Querbänder.

<u>Vorkommen:</u> Abgesehen von geschlossenen Waldungen und überdüngtem Wirtschaftsgrünland besiedelt die kleine Scheck-Tageule fast alle offenen Naturlandschaften, im Gebirge bis in über 2000 m Höhe. Besonders oft trifft man sie auf Halbtrockenrasen an, doch fliegt sie auch z. B. in Niedermooren, an blumenreichen Waldrändern oder auf Bergmatten.

<u>Flugzeiten:</u> Von Mitte April bis Ende Juni in einer Generation oder bis September in zwei Generationen.

<u>Lebensweise:</u> Die Scheck-Tageule gehört zu den nur bei Tag fliegenden Nachtfaltern. Sie besucht Blüten, um deren Nektar aufzunehmen, sitzt zwischendurch aber auch oft auf Blättern oder am Boden. Die Eiablage erfolgt einzeln oder in Grüppchen an Raupenfutterpflanzen.

<u>Raupe:</u> Die unbehaarte, sehr schlanke Raupe ist hellbraun und an den gelblichen Längsstreifen erkennbar. Sie hat nur zwei Paar Bauchbeine und bewegt sich nach Art der Spannerraupen buckelnd fort. Sie lebt vor allem von Kleearten, aber auch von Wicken, Saatluzerne, Gräsern und anderen Pflanzen. Die Verwandlung in eine braune, blau bereifte Puppe geschieht in einem Kokon, der an einer Pflanze angesponnen ist.

<u>Überwinterung:</u> Als Puppe.

Die dünne, durch ihre Längsstreifen noch schmaler wirkende Raupe der Scheck-Tageule schmiegt sich zum Ruhen gern an Grashalme an. Wenn sie sich bedroht fühlt, lässt sie sich rasch zusammengerollt fallen.

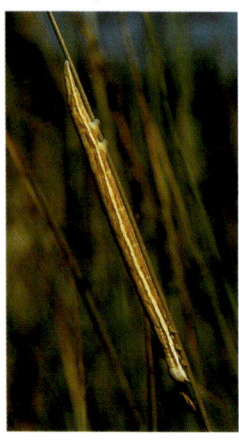

Flügel braun

Braune Tageule
Euclidia glyphica

Aussehen: Spannweite 2,8–3 cm. Breite dunkle Querbinden ziehen sich über die braunen, grau bestäubten Vorderflügel dieses Nachtfalters. Seine Hinterflügel weisen ein großes gelbes, von einer schmalen braunen Binde geteiltes Feld auf.

Vorkommen: Die vielerorts häufige Eulenfalterart besiedelt feuchtes und trockenes Grünland der unterschiedlichsten Art, so z.B. blumenreiche Waldränder und -lichtungen, Niedermoore, Feuchtwiesen, Viehweiden, Halbtrockenrasen sowie Klee- und Luzernefelder. In den Alpen trifft man sie noch in 2000 m Höhe an.

Flugzeiten: Von Mitte April bis Anfang September in zwei Generationen.

Lebensweise: Der tagaktive Nachtfalter ernährt sich von Nektar und flattert bei Sonnenschein ausdauernd von Blüte zu Blüte. Dazwischen ruht er mit ausgebreiteten Flügeln auf Blüten oder Blättern aus. Bei bedecktem Himmel bleibt er in der bodennahen Vegetation verborgen. Das Weibchen heftet seine Eier einzeln oder zu mehreren an frisches oder vertrocknetes Gras.

Raupe: Die sehr schlanke, unbehaarte, braune Raupe mit den hellen Längsstreifen ist derjenigen der Scheck-Tageule recht ähnlich, hat aber drei Paar Bauchbeine. Sie frisst nachts an Kleearten, Saatluzerne, Wicken und anderen Schmetterlingsblütlern. Die Verwandlung in eine schwarzbraune, bläulich bereifte Puppe erfolgt am Boden in einem dichten Kokon.

Überwinterung: Als Puppe.

> **Bestimmungstipp:**
> Die Braune Tageule ist viel weniger kontrastreich gezeichnet als die gleich große und ebenfalls braune Scheck-Tageule, mit der sie oft zusammen vorkommt.

Eine mit geschlossenen Flügeln im Bewuchs am Boden ruhende Braune Tageule ist leicht zu übersehen.

Flügel braun

Zackeneule, Zimteule
Scoliopteryx libatrix

Bestimmungstipp: Das namengebende Merkmal, der stark und ungleichmäßig gezackte hintere Rand der Vorderflügel, macht die Zackeneule unverwechselbar.

<u>Aussehen:</u> Die zimtbraunen Flügel dieses Eulenfalters haben eine Spannweite von 4–4,5 cm. Die Vorderflügel sind rötlich und haben eine feine, weiße, doppelte Querlinie. Außerdem weisen sie einen stark gezackten Außenrand auf.

<u>Vorkommen:</u> Feuchte Wälder, Auen und Moorgebiete, ebenso Parks und Gärten sind die Lebensräume des keineswegs seltenen, aber sehr unauffälligen Nachtfalters. In den Alpen kommt er bis in 2000 m Höhe vor.

<u>Flugzeiten:</u> Von Anfang Juni bis August sowie in einer zweiten Generation von September (mit Überwinterung) bis Mai.

<u>Lebensweise:</u> Der rein nachtaktive Falter ernährt sich von Blütennektar, saugt aber auch gern an Beeren und Früchten, die er mit seinem kräftigen Rüssel anzustechen vermag. Das Weibchen legt seine Eier an Blättern und Zweigen der Raupennahrungsbäume ab.

<u>Raupe:</u> Eine feine weiße oder gelbe Seitenlinie, die nach unten von einer noch feineren schwarzen Linie begleitet ist, kennzeichnet die schlanke, durchscheinend grüne Raupe der Zackeneule. Ihre Nahrungspflanzen sind verschiedene Weiden- und Pappelarten. Die Verwandlung zu einer mattschwarzen Puppe findet in einem dünnen weißen Kokon statt, der zwischen Laubblätter eingesponnen wird, teils aber auch am Boden in der Krautschicht.

<u>Überwinterung:</u> Als Falter in Baumhöhlen und anderen Schlupfwinkeln, oft auch in Gebäuden.

Die Raupe der Zackeneule ernährt sich von Weiden- und Pappellaub. Oft sitzt sie an den Blättern der Zweigspitzen.

Flügel braun

Großes Jungfernkind
Archiearis parthenias

Aussehen: Spannweite 3,2–3,5 cm. Die graubraunen, manchmal auch rötlich braunen Vorderflügel haben weiße Partien in Form von undeutlichen Binden. Die Hinterflügel weisen große dottergelbe Partien auf.

Vorkommen: Dieser Nachtfalter ist stark auf das Vorkommen von Birken angewiesen. Er ist daher in Laubwäldern, an Waldrändern und auf Lichtungen sowie in Mooren und Heidegebieten mit Birken, von den Niederungen bis in 1200 m Höhe verbreitet.

Flugzeiten: Bereits ab Mitte Februar bis Ende Mai in einer Generation.

Lebensweise: Das Große Jungfernkind zählt zu den tagaktiven Nachtfaltern. Es ernährt sich von Nektar und fliegt schon früh im Jahr die ersten Weidenkätzchen an. Nicht selten saugen die scheuen, sehr rasch flüchtenden Falter an feuchten Bodenstellen oder sandigen Waldwegen, wo sie am ehesten anzutreffen sind. Bei kalter Witterung halten sie sich im Geäst von Bäumen auf. Das Weibchen legt seine glänzenden, schmutzig grünen Eier in kleinen Häufchen an die Zweige des Raupenfutterbaums.

Raupe: Die schlanke Raupe ist grün und mit feinen gelben Streifen gezeichnet. Sie lebt an Birke, selten auch an Buche, und frisst nur zarte, frisch ausgetriebene Blätter. Die Verwandlung in eine rotbraune Puppe erfolgt am Boden zwischen zusammengesponnenen Blättern oder in morschem Holz.

Überwinterung: Als Puppe.

> **Bestimmungstipp:** Das frühe Auftreten des Großen Jungfernkinds im Jahr schließt eine Verwechslung mit der ähnlichen Braunen Tageule aus.

Dem Mittleren Jungfernkind *(Archiearis notha)* fehlt die breite weißliche Mittelbinde auf den Vorderflügeln. Ansonsten sieht es dem nur unwesentlich größeren Großen Jungfernkind sehr ähnlich.

Flügel braun

Schwarzspanner, Trauerspanner
Odezia atrata

Bestimmungstipp: Der kleine, vollständig dunkel gefärbte Schwarzspanner ist in seinem Lebensraum mit keiner anderen Art zu verwechseln.

Aussehen: Die einfarbig schwarzbraunen Flügel dieses Nachtfalters haben eine Spannweite von 2,3–2,8 cm. Nur die Fransen an der Spitze der Vorderflügel sind mehr oder weniger weiß.

Vorkommen: Auf Moor- und Waldwiesen, an grasreichen Waldsäumen und an dicht bewachsenen Gewässerufern tritt die Art lokal häufig auf. In warmen und trockenen Landschaften hingegen ist sie selten oder fehlt ganz. Auf Bergwiesen kann man sie bis in 2400 m Höhe antreffen.

Flugzeiten: Von Ende Mai bis August in lediglich einer Generation.

Lebensweise: Der tagaktive Nachtfalter ernährt sich von Blütennektar, wobei er Witwenblumen besonders oft aufsucht. Auch in der Dämmerung fliegt er noch umher. Zum Rasten setzt er sich an Gräser – regungslos und mit herabhängenden Flügeln. Fühlt er sich jedoch gestört oder bedroht, schlägt er unablässig mit den Flügeln, bis die Gefahr vorüber ist.

Raupe: Die schlanke Raupe ist grün und hat feine dunkle Längslinien und eine rötliche, dreieckige Hinterleibsspitze. Sie lebt auf Kälberkropf- und Kerbelarten. Zur Verpuppung zieht sie sich in die Bodenstreu zurück, wo sie sich zunächst ein dünnes Gespinst anfertigt. In diesem verwandelt sie sich dann in eine hellbraune Puppe, die sich durch eine deutliche Äderung auf den Flügelscheiden auszeichnet.

Überwinterung: Als Ei.

In alpinen Regionen kann man einen weiteren fast schwarzflügeligen Falter sehen: die Schwarze Alpenmotte *(Melasina lugubris)*. Anders als der Schwarzspanner legt sie im Ruhen ihre Flügel dachförmig an den Körper an.

Flügel braun

Großer Frostspanner
Erannis defoliaria

Aussehen: Das Männchen dieser Nachtfalterart hat weißlich gelbe, dunkel gesprenkelte Flügel mit einer Spannweite von 3,5–4 cm. Seine Vorderflügel weisen wellige braune Querbinden auf. Dem Weibchen hingegen fehlen Flügel. Sein hellgrau gefärbter Körper trägt zahlreiche schwarze Flecken.

Vorkommen: Der Große Frostspanner bewohnt Laub- und Mischwälder, Heckenlandschaften, Parks und Obstgärten. Im Bergland tritt er bis in 1400 m Höhe auf.

Flugzeiten: Von Ende September bis Dezember in einer Generation.

Lebensweise: Die Männchen fliegen in der Dämmerung und nachts auf der Suche nach Weibchen umher. Diese sitzen an Baumstämmen, wo auch die Begattung stattfindet. Die Eiablage erfolgt dann einzeln an Blattknospen. Vor allem nach den ersten Frösten kann man tagsüber oft beide Geschlechter an Stämmen sitzen sehen, die Männchen bis etwa in Augenhöhe, die Weibchen meist höher.

Raupe: Die schlanke, unbehaarte Raupe ist recht variabel gefärbt, von blass bis dunkel rostbraun mit einem gewellten gelben Seitenstreifen und oftmals weinroten Rückenflecken. Sie lebt auf Buchen, Eichen, Birken, Obstbäumen und anderen Laubbäumen. Bei einer Störung lässt sie sich an einem Seidenfaden rasch zu Boden gleiten. Die Verpuppung erfolgt in einem Gespinst in einer kleinen Erdhöhlung.

Überwinterung: Als Ei.

Bestimmungstipp: Häufig treten auch dunkler getönte Männchen des Großen Frostspanners auf. Stets haben sie jedoch einen kleinen schwarzen Mittelfleck auf dem Vorderflügel.

Das flugunfähige Weibchen des Großen Frostspanners sitzt gewöhnlich an einem Baumstamm und lockt mithilfe eines arteigenen Duftstoffs Männchen an.

Flügel braun

Heidekrautspanner
Ematurga atomaria

Aussehen: Spannweite 2,5–3 cm. Die Grundfarbe der Flügel ist beim Männchen (großes Bild) ockergelb, beim Weibchen (kleines Bild) weißlich gelb. Bei beiden Geschlechtern ziehen sich unregelmäßige braune Querbänder über die Flügel, die zudem mehr oder weniger dicht dunkel gesprenkelt sind.

Vorkommen: Der Nachtfalter ist auf Heideflächen, Waldlichtungen und mäßig feuchten Moorwiesen sowie in mit Heide durchsetzten Hochmooren verbreitet und tritt dort oft recht zahlreich auf. In den Alpen kann man ihn bis in 2000 m Höhe antreffen.

Flugzeiten: Von Mitte April bis Mitte September in zwei Generationen, in höheren Lagen gewöhnlich nur in einer Generation.

Lebensweise: Der Heidekrautspanner gehört zu den tagaktiven Nachtfaltern. Er fliegt vor allem bei Sonnenschein, wobei das Männchen sehr viel flugfreudiger ist als das Weibchen. Bei kühler Witterung bleiben die Tiere zwischen niedrigwüchsigen Pflanzen sitzen, wo sie sich aber leicht aufscheuchen lassen.

Raupe: Die meist graubraune, mit dunkler Rückenlinie und hellen Seitenstreifen gezeichnete Raupe lebt vor allem an Heidekraut, Beifuß- und Wickenarten, aber auch an anderen Pflanzen. Sie frisst bevorzugt die Blüten ab. Die ausgewachsene Raupe gräbt sich in den Boden ein, um sich dort in eine gelbbraune, grob punktierte Puppe zu verwandeln.

Überwinterung: Als Puppe.

> **Bestimmungstipp:** Die breit quer gebänderten und dunkel gesprenkelten Flügel sind ein deutliches Kennzeichen des Heidekrautspanners.

Dank seiner weißlichen Grundfärbung wirkt das Weibchen des Heidekrautspanners viel kontrastreicher gezeichnet als das gelbbraune Männchen.

Flügel braun

Windröschen-Langhornmotte
Nemophora degeerella

Aussehen: Nur 1,6–2,3 cm misst die Flügelspannweite dieses Kleinschmetterlings. Eine dunkel eingefasste, gelbe Querbinde zieht sich über die goldgelb glänzenden Vorderflügel, dunkelbraune Längsstreifen bilden saumwärts ein strahlenartiges Muster. Die Hinterflügel sind zart hellbraun und tragen einen breiten Fransensaum. Das Auffälligste an dem kleinen Falter aber sind seine extrem langen Fühler, die beim Männchen etwa viermal so lang wie die Vorderflügel werden; beim ansonsten gleichen Weibchen bleiben sie kürzer.

Vorkommen: Die Windröschen-Langhornmotte ist in feuchten Laubwäldern sowie in Fluss- und Bachauen verbreitet und mancherorts gar nicht selten.

Flugzeiten: Von Mitte Mai bis Anfang Juli in einer Generation.

Lebensweise: Die tagaktiven Nachtfalter ernähren sich von Blütennektar. Nach der Nahrungssuche ruhen sie oft auf Blättern in der Krautschicht. An sonnigen Tagen balzen Schwärme von Männchen in einem auf und ab tänzelnden Flug, um die flugträgeren Weibchen auf sich aufmerksam zu machen.

Raupe: Die kleine, weißliche Raupe mit dem gelben Kopf lebt zunächst an Buschwindröschen und Ampferarten, in deren Blätter sie Gänge bohrt. Später sitzt sie in der Laubstreu in einem Köcher, den sie aus welken Blattstückchen zusammengesponnen hat, und frisst abgestorbene Pflanzenreste.

Überwinterung: Als Raupe in ihrem Blattköcher.

Bestimmungstipp: Von anderen Langhornmotten unterscheidet sich die Windröschen-Langhornmotte durch das scharf abgesetzte gelbe Querband über den Flügeln.

Die Fühler des Weibchens (Bild) sind bei der Windröschen-Langhornmotte erheblich kürzer als die des Männchens.

Flügel orange

Distelfalter
Cynthia cardui

Aussehen: Die orangefarbenen, schwarz gefleckten Flügel haben eine Spannweite von 5–6 cm. Auffällig sind die weißen Flecken in der schwarzen Spitze der Vorderflügel.

Vorkommen: Hauptsächlich trifft man den farbenfrohen Tagfalter in offenem Gelände, häufig auch in Gärten an. Im Gebirge kommt er bis in 2000 m Höhe vor.

Flugzeiten: Der Falter wandert im Mai/Juni aus Südeuropa ein, fliegt dann in 2–3 Generationen bis Oktober.

Lebensweise: Distelfalter saugen Nektar an den verschiedensten Blüten. Das Weibchen heftet seine kegelförmigen, längs gerippten Eier einzeln an die Blattober- oder -unterseiten von Raupenfutterpflanzen.

Raupe: Die dornig behaarten Raupen sind sehr variabel gefärbt, von ockerbraun über grau bis schwarz, stets jedoch tragen sie gelbe Punkte und Streifen. Sie fressen nicht nur an Disteln, sondern auch an vielen anderen Pflanzen. Jungraupen sitzen dabei in zusammengesponnenen Blatttüten oder kleinen Gespinsten am Stängelansatz, ausgewachsene Raupen bewegen sich oft frei. Die Verpuppung zu einer schlanken, graubraunen Sturzpuppe mit goldglänzenden Flecken erfolgt meist abseits der Futterpflanze.

Überwinterung: Als Falter, jedoch ausschließlich südlich der Alpen.

Besonderes: Distelfalter wandern im Frühjahr regelmäßig aus Südeuropa über die Alpen nordwärts. Im Herbst versuchen dann die meisten einen Rückflug.

> **Bestimmungstipp:** Auf der Unterseite der Hinterflügel reihen sich beim Distelfalter fünf Augenflecken auf.

Der ruhende Distelfalter, bei dem man nur die Unterseite der Hinterflügel sieht, ist dank deren braunweißer Zeichnung sehr unauffällig. Bei aufgestellten Vorderflügeln werden orangerote Farbpartien sichtbar.

Flügel orange

C-Falter
Polygonia c-album

Aussehen: Spannweite 4,5–5 cm. Die Grundfärbung der Flügel variiert von blassem Bräunlichorange bis zu sattem Orangerot, die Fleckenzeichnung von Braun bis Schwarz. Für den ruhenden Falter stellen die rindenartige Färbung der Flügelunterseiten sowie die stark gezackten und gebuchteten Flügelränder eine hervorragende Tarnung dar.

Vorkommen: C-Falter leben an Waldrändern und auf Lichtungen, in Auen und buschreichem Gelände, nicht selten auch in Gärten. Im Gebirge kann man sie bis in 1900 m Höhe antreffen.

Flugzeiten: In zwei Generationen von Mitte Juni bis Oktober, nach der Überwinterung dann erneut ab März bis Anfang Mai.

Lebensweise: Der Tagfalter ernährt sich von Blütennektar, vor allem im Herbst saugt er aber auch an Fallobst, Exkrementen oder Aas. Das Weibchen legt seine Eier einzeln an Blättern von Raupenfutterpflanzen ab.

Raupe: Die schwarze, orangerot gestreifte Raupe ist stark bedornt und trägt auf dem Rücken einen großen weißen Fleck, der Vogelkot imitiert und Fressfeinde täuschen soll. Sie lebt einzeln auf so unterschiedlichen Pflanzen wie z. B. Salweide, Großer Brennnessel, Hopfen, Stachelbeere, Roter Johannisbeere oder Ulmen. Am Ende ihres Raupendaseins verpuppt sie sich an der Nahrungspflanze zu einer schlanken, graubraunen Stürzpuppe mit metallisch glänzenden Flecken.

Überwinterung: Als Falter an geschützten Stellen.

> **Bestimmungstipp:** Färbung und Zeichnung der im Sommer fliegenden Generation des C-Falters sind deutlich heller als die Falter der zweiten, überwinternden Generation.

Ein kleines weißes »C« auf der Unterseite des Hinterflügels hat diesem Schmetterling seinen Namen gegeben.

Flügel orange

Kleiner Fuchs
Aglais urticae

Aussehen: Mit 4–5 cm Flügelspannweite bleibt der Kleine Fuchs deutlich hinter dem Großen Fuchs zurück, doch übertrifft er diesen an Farbigkeit. Die Flügelsäume haben durchgehend blaue Randflecken. Unterseits tragen die Vorderflügel breite sandfarbene Partien.

Vorkommen: Der recht häufige Tagfalter ist über ganz Europa verbreitet, von den Küsten bis hinauf in 3000 m Höhe. Man trifft ihn an Waldrändern und entlang von Waldwegen an, in Heckenlandschaften, auf Brachland und überall sonst, wo Brennnesseln wachsen, häufig auch in Parks und Gärten.

Flugzeiten: Von Februar/März bis Ende September in 2–3 Generationen, in höheren, raueren Lagen erst ab dem späten Frühjahr und nur in einer Generation.

Lebensweise: Der flugkräftige Falter ernährt sich von Nektar und ist eifrig auf Nahrungssuche. Jedes Männchen besetzt ein eigenes Revier, das es mit heftigen Flugattacken gegen Eindringlinge verteidigt. Das Weibchen heftet seine zylindrischen Eier in Häufchen auf die Unterseite von Brennnesselblättern.

Raupe: Die schwarz-gelben, dornig behaarten Raupen leben ausschließlich auf Brennnesseln. Zur Verpuppung sucht sich dann jede einzeln, oft weitab von der Nahrungspflanze, einen kräftigen Pflanzenstängel, an dem sie sich zu einer graubraunen, metallisch glänzenden Stürzpuppe wandelt.

Überwinterung: Als Falter in geschützten Schlupfwinkeln, oft in Kellern und auf Dachböden.

> **Bestimmungstipp:** Kennzeichnend für den Kleinen Fuchs ist ein einzelner, rein weißer Fleck nahe der Vorderflügelspitze.

Die ausgewachsene Raupe des Kleinen Fuchses weist charakteristische gelbe Längsstreifen auf.

Flügel orange

Großer Fuchs
Nymphalis polychloros

Bestimmungstipp: Vier schwarze Flecken in der Mitte der oberseitigen Vorderflügel sind typisch für den Großen Fuchs.

<u>Aussehen:</u> Spannweite 5,4–6,4 cm. Auf den orangebraunen Flügeloberseiten verteilen sich schwarze Flecken und gelbliche Aufhellungen. Kleine blaue Flecken zieren die Flügelsäume. Die braun marmorierten Flügelunterseiten dienen dem ruhenden Falter als Tarnung.

<u>Vorkommen:</u> Der große Tagfalter ist in ganz Mitteleuropa verbreitet, aber nirgends häufig. Man trifft ihn in lichten Wäldern und an Waldrändern ebenso an wie in offenem Gelände mit einzelnen Bäumen und Büschen, im Gebirge noch in über 1500 m Höhe.

<u>Flugzeiten:</u> In nur einer Generation von Mitte Juni bis Ende Juli, nach der Überwinterung erneut ab März bis Ende Mai.

<u>Lebensweise:</u> Der Falter, ein scheuer und schneller Flieger, ernährt sich von Blütennektar ebenso wie von Baumsäften, Bodenfeuchtigkeit und Exkrementen. Im Frühjahr warten die Männchen oft startbereit am Boden auf vorbeifliegende Weibchen. Die Weibchen kleben ihre zylindrischen, gerippten Eier als dichtes Gelege ringförmig um Zweigspitzen.

<u>Raupe:</u> Die bis zu 5 cm lange, schwarze, stark bedornte Raupe weist gelbe bis orangefarbene Längsstreifen auf. Sie lebt in erster Linie auf Salweide, aber auch auf anderen Bäumen. Abseits des Futterbaums verpuppt sie sich schließlich in der Krautschicht zu einer braunen Stürzpuppe mit metallisch glänzenden Flecken.

<u>Überwinterung:</u> Als Falter in Baumhöhlen, Schuppen, Holzstapeln, Stollen oder an ähnlichen Plätzen.

Die Raupen des Großen Fuchses leben gesellig, anfangs in einem lockeren Gespinst, später frei auf den Blättern ihres Futterbaums. Erst mit dem Ende des Raupenstadiums vereinzeln sie sich.

Flügel orange

Kaisermantel, Silberstrich
Argynnis paphia

<u>Aussehen:</u> Spannweite 5,6–6,5 cm. Die intensiv orangefarbenen Flügel dieses Tagfalters sind von zahlreichen schwarzen Flecken und Binden übersät, die beim gelbbraunen, oliv übertönten Weibchen meist größer ausfallen als beim Männchen.

<u>Vorkommen:</u> Der in Mitteleuropa weit verbreitete Schmetterling lebt in lichten Wäldern, an Waldwegen und -rändern, auf Lichtungen sowie in Auen, im Bergland bis in Höhen von etwa 1500 m.

<u>Flugzeiten:</u> Von Ende Juni bis Mitte September in nur einer Generation.

<u>Lebensweise:</u> Der Kaisermantel ist ein sehr guter, kraftvoller Flieger und hält sich meist hoch oben in den Baumwipfeln auf. Zur Nahrungsaufnahme kommt er immer wieder auf den Boden herab, da er sich von Blütennektar, insbesondere dem von Disteln und anderen Korbblütlern ernährt. Die Weibchen legen ihre Eier nicht auf die Futterpflanze der Raupen, sondern einzeln an Baumstämme in deren Nähe.

<u>Raupe:</u> Die schwarzbraune Raupe trägt auf dem Rücken zwei gelbe Längsstreifen. An allen Segmenten stehen lange, dunkelgelbe Dornen mit schwarzen Spitzen. Sie frisst an verschiedenen Veilchenarten, seltener auch an anderen Pflanzen. Schließlich verpuppt sie sich in der Krautschicht zu einer graubraunen, stark gezackten Stürzpuppe mit metallisch glänzenden Flecken.

<u>Überwinterung:</u> Als frisch geschlüpfte Jungraupe, in einer Rindenspalte verborgen.

> **Bestimmungstipp:**
> Das Männchen des Kaisermantels hat auf der Oberseite der Vorderflügel entlang den Adern vier schwarze Duftschuppenstreifen, die dem Weibchen fehlen.

Die silberweißen Streifen auf der Unterseite der olivgrünen Hinterflügel erklären den volkstümlichen Namen Silberstrich.

Flügel orange

Großer Perlmutterfalter
Mesoacidalia aglaja

Aussehen: Spannweite 5–6 cm. Die orangefarbene Flügeloberseite ist mit länglichen und runden schwarzen Flecken gezeichnet.

Vorkommen: Den in ganz Mitteleuropa verbreiteten, aber nur selten in größerer Zahl auftretenden Tagfalter trifft man an Waldsäumen und auf Lichtungen, in Mooren und auf Magerwiesen an, in den Alpen noch in über 2000 m Höhe.

Flugzeiten: Von Mitte Juni bis Ende August in nur einer Generation.

Lebensweise: Der Große Perlmutterfalter ist ein ausdauernder und schneller Flieger. Zur Nahrungsaufnahme sucht er nektarreiche Blüten auf, insbesondere Disteln und andere Korbblütler. Das Weibchen legt seine kegelförmigen Eier einzeln auf Blätter und Stängel von Veilchen, die an sonnigen Standorten wachsen.

Raupe: Auf dem Rücken der schwarzen, stark bedornten Raupe verläuft in jungen Stadien ein silbrig weißer Doppelstreifen. Später sind stattdessen kräftig rote Seitenflecken ausgebildet. Tagsüber hält sich die Raupe im bodennahen Bewuchs verborgen, nachts frisst sie an den Blättern von Wildem Stiefmütterchen und verschiedenen anderen Veilchenarten. Die Verwandlung zu einer dunkelbraunen Sturzpuppe erfolgt in einem zeltartigen Versteck aus zusammengesponnenen Blättern oder Gräsern.

Überwinterung: Als Jungraupe nach der ersten Häutung in der Bodenstreu.

> **Bestimmungstipp:** Wichtigstes Unterscheidungsmerkmal des Großen Perlmutterfalters gegenüber ähnlichen Arten ist die olivgrüne Färbung seiner Hinterflügelunterseite.

Auf der Unterseite der Hinterflügel fallen beim Großen Perlmutterfalter zahlreiche, silberweiß glänzende Flecken auf.

Flügel orange

> **Bestimmungstipp:**
> Beim Feurigen Perlmutterfalter befinden sich kleine, rot eingefasste helle Flecken zwischen den großen, auffälligen Silberflecken auf der Flügelunterseite.

Feuriger Perlmutterfalter, Märzveilchenfalter
Fabriciana adippe

Aussehen: Spannweite 5–5,8 cm. Oberseits trägt dieser Tagfalter das für Perlmutterfalter typische lebhafte Muster aus schwarzen Punkten und kurzen Binden. Die Unterseite der Hinterflügel weist eine gelblich braune Grundfärbung auf, auf der sich rundliche Silberflecken verteilen.

Vorkommen: Wenngleich in Mitteleuropa weit verbreitet, ist dieser Perlmutterfalter nur stellenweise und nirgendwo in größerer Zahl anzutreffen. Im Bergland kommt er bis in über 1800 m Höhe vor. Sein Lebensraum sind Waldwiesen und -wege, Waldränder und buschbestandenes Heideland.

Flugzeiten: Von Ende Juni bis Ende September in nur einer Generation.

Der Mittlere Perlmutterfalter *(Fabriciana niobe)* ähnelt dem Feurigen Perlmutterfalter sehr, doch sind beim Männchen die Duftschuppenstriche längs der Vorderflügeladern kaum ausgeprägt.

Lebensweise: Der Tagfalter ist ein schneller und ausdauernder Flieger, aber lediglich bei Sonnenschein auf Nahrungssuche. Er ernährt sich von Blütennektar, wobei er Disteln bevorzugt. Das Weibchen heftet seine kegelförmigen, bräunlichen Eier einzeln an Stängel sowie Blätter von Veilchen.

Raupe: Die fein schwarzweiß gemusterte Raupe trägt dicke, ocker- bis rostbraune Dornen. Sie frisst sehr unauffällig an den Blättern verschiedener Veilchenarten. Schließlich verpuppt sie sich zu einer braunen, gedrungenen Stürzpuppe, die an einem Veilchenstängel aufgehängt ist.

Überwinterung: Als Ei, in dem die Raupe bereits fertig entwickelt ist.

Flügel orange

Kleiner Perlmutterfalter
Issoria (Argynnis) lathonia

Aussehen: Der Kleine Perlmutterfalter hat eine Flügelspannweite von 3,6–4,8 cm. Im Vergleich mit anderen Perlmutterfaltern sind die Silberflecken auf der Unterseite seiner Hinterflügel besonders groß.

Vorkommen: Vorzugsweise lebt dieser Tagfalter auf Ödland, Heideflächen und Stoppelfeldern, an sandigtrockenen Stellen, sogar in Küstendünen. In den Alpen kann man ihn bis in 2500 m Höhe antreffen.

Flugzeiten: Von Mitte April bis Anfang November in 2 bis 3 Generationen, in Hochlagen nur eine Generation.

Lebensweise: Der schnell und ausdauernd fliegende Falter sucht zur Nektaraufnahme besonders gern Skabiosen, Flockenblumen und Disteln auf. Das Weibchen legt seine Eier einzeln an Stiefmütterchenblätter.

Raupe: Die schwarze Raupe ist mit einer doppelten weißen Rückenlinie gezeichnet und hat rotbraune Dornen. Sie lebt an Acker- und Wildem Stiefmütterchen. Zuletzt verwandelt sie sich in eine braune Stürzpuppe mit metallisch glänzenden Flecken, die an einem Stängel der Nahrungspflanze aufgehängt ist.

Überwinterung: Der Kleine Perlmutterfalter kann in Mitteleuropa sowohl als Falter wie auch als Puppe oder Raupe in der bodennahen Vegetation überwintern.

Besonderes: Als so genannter Binnenwanderer unternimmt der Falter innerhalb seines Verbreitungsgebiets oft weite Wanderflüge. In Mitteleuropa wird der Bestand durch einen jährlichen Zuflug aus dem Süden regelmäßig ergänzt.

> **Bestimmungstipp:** Die eckige Flügelform und die oberseits graue Basis der Flügel unterscheiden den Kleinen Perlmutterfalter von allen anderen Perlmutterfaltern.

Die besonders großen Silberflecken auf der Unterseite der Hinterflügel machen den Kleinen Perlmutterfalter unverwechselbar.

Flügel orange

Bestimmungstipp: Der Mädesüß-Perlmutterfalter weist auf den Flügelunterseiten keine silbrig glänzenden Flecken auf.

Mädesüß-Perlmutterfalter, Violetter Silberfalter
Brenthis ino

Aussehen: Spannweite 3,6–4,2 cm. Die schwarzen Flecken auf der orangeroten Flügeloberseite ordnen sich entlang des dunklen Flügelrands zu gleichmäßigen Musterreihen. Kennzeichnend für die Art sind die in verschiedenen Gelbtönen gemusterten Unterseiten der Hinterflügel, über die sich eine mehr oder weniger deutlich ausgeprägte lilafarbene Binde zieht.

Vorkommen: Lebensraum dieses Tagfalters sind Hochstaudenfluren in feuchtem, offenem Waldland sowie auf Sumpfwiesen und in Mooren. Er kommt nur lokal vor, im Gebirge bis in 2000 m Höhe.

Flugzeiten: Von Ende Mai bis Mitte August in nur einer Generation.

Lebensweise: Die aktiven Männchen sind oft bei ausdauernden Flügen auf der Suche nach den trägeren Weibchen zu beobachten. Die gelblichen, rotbraun gestreiften Eier werden vom Weibchen einzeln an die Blattunterseiten von Raupenfutterpflanzen geheftet.

Raupe: Die graubraune Raupe hat breite weiße Seitenstreifen und sechs Reihen ockergelber Dornen. Sie lebt hauptsächlich an Mädesüß, gelegentlich auch an Großem und Kleinem Wiesenknopf und einigen anderen Pflanzen. Zuletzt verpuppt sie sich an ihrer Futterpflanze zu einer gelblich braunen Stürzpuppe mit metallisch glänzenden Flecken.

Überwinterung: Als Ei, in dem die kleine Raupe schon fertig entwickelt ist.

Beim Mädesüß-Perlmutterfalter befindet sich auf der Unterseite der Hinterflügel stets eine verwaschen wirkende lilafarbene Binde.

Flügel orange

Hochalpen-Perlmutterfalter, Hochgebirgs-Perlmutterfalter
Boloria pales

Aussehen: Spannweite 3,2–3,8 cm. Während die Grundfarbe des Männchens ein kräftiges Orangerot ist, zeigt das Weibchen meist eine blassere Tönung.

Vorkommen: Der inselartig verbreitete Tagfalter kommt in den Alpen und anderen europäischen Gebirgen von unterhalb bis weit über der Baumgrenze, in Höhen zwischen 1500 und 3000 m, vor. Man kann ihn auf blumenreichen Bergwiesen und alpinen Weiden beobachten, wo er stellenweise nicht selten ist.

Flugzeiten: Von Mitte Juni bis Mitte September in einer Generation.

Lebensweise: Die Männchen bewegen sich oft in einem auffälligen Schwirrflug nahe über dem Boden, um frisch geschlüpfte Weibchen aufzuspüren. Die Eiablage erfolgt einzeln an den Raupenfutterpflanzen.

Raupe: Eine gelbliche Doppellinie am Rücken entlang, Reihen schwarzer, gelb gerandeter Flecken sowie gelbliche Dornen mit schwarzen Borsten sind die typischen Kennzeichen der Raupen. Sie leben überwiegend auf Veilchen- und Baldrianarten, aber auch auf einer ganzen Reihe anderer krautiger Pflanzen. Die Verpuppung zu einer bräunlich grauen Stürzpuppe erfolgt in der bodennahen Vegetation oder in kleinen Hohlräumen unter Steinen.

Überwinterung: Als junge Raupe in einem dünnen Gespinst am Boden, meist ein zweites Mal in einem späteren Raupenstadium.

Bestimmungstipp: Vom Ähnlichen Perlmutterfalter *(Boloria napaea)*, einer ebenfalls hochalpinen Art, ist der Hochalpen-Perlmutterfalter durch die oberseits kräftigere schwarze Zeichnung zu unterscheiden.

Auf den braun-gelb-weiß gescheckten Unterseiten der Hinterflügel trägt der Hochalpen-Perlmutterfalter unterschiedlich große Silberflecken.

Flügel orange

Braunfleckiger Perlmutterfalter
Clossiana selene

Aussehen: Spannweite 3,5–4,2 cm. Die Flügel des Tagfalters tragen oberseits ein lebhaftes Flecken- und Punktemuster auf kräftig orangerotem Grund. Die Unterseite der Hinterflügel zeigt ein buntes Mosaik aus gelben, silbrigen und rotbraunen Flecken und Binden.

Vorkommen: Der in Mitteleuropa weit verbreitete und stellenweise nicht seltene Schmetterling kommt in den Bergen bis in über 2000 m Höhe vor. Er lebt in lichten Wäldern, an Waldrändern und buschbestandenen Hängen, in Auen und auf Moorwiesen.

Flugzeiten: Von Mitte Mai bis Mitte September in zwei Generationen, in höheren Lagen nur eine Generation.

Lebensweise: Der Falter ernährt sich von Nektar, vorzugsweise aus den Blüten von Witwenblumen und Feldthymian. Bei sonnigem Wetter fliegen die Männchen überaus aktiv umher und suchen nach den weniger aktiven Weibchen, die auf den Blüten sitzen. Das Weibchen legt seine Eier einzeln an der Unterseite von Veilchenblättern ab. Oft werden sie auch nur fallen gelassen.

Raupe: Die schwarzköpfige Raupe ist rötlich braun oder schwarzbraun mit weißen Pünktchen und grauem Rückenstreif, ockerbraunen Dornen und schwarzen Haaren. Sie lebt einzeln und recht versteckt an verschiedenen Veilchenarten. Zuletzt verpuppt sie sich in der bodennahen Vegetation zu einer gelbbraunen Stürzpuppe mit metallisch glänzenden Flecken.

Überwinterung: Als noch nicht voll ausgewachsene Raupe, in ein zusammengerolltes Blatt eingesponnen.

Bestimmungstipp: Eindeutiges Erkennungszeichen des Braunfleckigen Perlmutterfalters ist ein von Silberflecken umgebener, runder schwarzer Fleck auf der Unterseite des Hinterflügels, nahe der Flügelbasis.

Die unterseits auffällig bunt gemusterten Hinterflügel des Braunfleckigen Perlmutterfalters zeigen besonders viele silbrig weiße Flecken.

Flügel orange

Silberfleck-Perlmutterfalter, Veilchen-Perlmutterfalter
Clossiana euphrosyne

Aussehen: Spannweite 3,5–4,5 cm. Oberseits ähnelt diese Art dem Braunfleckigen Perlmutterfalter sehr, doch die Unterseite des Silberfleck-Perlmutterfalters ist weniger kontrastreich gemustert.

Vorkommen: Der weit verbreitete, gebietsweise aber schon selten gewordene Tagfalter lebt vor allem an Waldrändern und -wegen, auf Lichtungen und Waldwiesen, ebenso aber auch auf trockenen, offenen Wiesen und Heideland. In den Alpen kommt er bis zur Baumgrenze in etwa 2000 m Höhe vor.

Flugzeiten: Von Ende April bis Anfang August in gewöhnlich nur einer Generation.

Lebensweise: Die Schmetterlinge ernähren sich von Blütennektar. Bei Sonnenschein sieht man die Falter oft in schnellem Flug dicht über dem Boden hin und her fliegen. Dabei handelt es sich um Männchen auf der Suche nach den weniger aktiven Weibchen, die zwischen den Pflanzen sitzen. Das Weibchen klebt seine gelblichen, kegelförmigen Eier einzeln an die Blätter von Veilchen oder an Pflanzen in deren Nähe.

Raupe: Die ausgewachsene Raupe ist schwarz mit weißen Flecken an den Seiten, ihre schwarzen Rückendornen sind an der Basis gelb bis orangefarben. Sie ernährt sich von verschiedenen Veilchenarten und verwandelt sich zuletzt in eine graubraune Stürzpuppe.

Überwinterung: Als noch nicht ausgewachsene Raupe, eingesponnen in ein zusammengerolltes Blatt.

> **Bestimmungstipp:** Ein einzelner silberner Mittelfleck auf der Unterseite der Hinterflügel ist das namengebende und eindeutige Erkennungsmerkmal für den Silberfleck-Perlmutterfalter.

Beim Silberfleck-Perlmutterfalter bilden sieben Perlmutterflecken auf der Unterseite des Hinterflügels einen auffällig hellen Rand.

Flügel orange

> **Bestimmungstipp:** Charakteristisch für Wegerichscheckenfalter ist eine Reihe schwarzer Punkte auf den Oberseiten der Hinterflügel.

Der mit gefalteten Flügeln ruhende Wegerichscheckenfalter wirkt sehr bunt, denn die Unterseite seiner Hinterflügel ist mit weißen und gelborangefarbenen Fleckenbinden und schwarzen Punktereihen überaus kontrastreich gemustert.

Wegerichscheckenfalter, Gewöhnlicher Scheckenfalter
Melitaea cinxia

<u>Aussehen:</u> Spannweite 3,4–4,2 cm, wobei das Weibchen etwas größer als das Männchen ist. Die Flügeloberseiten sind orangefarben bis ockergelb getönt und mit einer schwarzen, gitterartigen Zeichnung überzogen.

<u>Vorkommen:</u> Der in ganz Mitteleuropa von den Niederungen bis in über 1700 m Höhe verbreitete, aber nur gebietsweise auftretende Tagfalter bewohnt vor allem Magerwiesen, Waldsäume und Waldwiesen sowie trockenes Ödland.

<u>Flugzeiten:</u> Von Mitte Mai bis Juli in einer Generation, in günstigen Jahren bis August in zwei Generationen.

<u>Lebensweise:</u> Bei der Nektarsuche fliegen die meist niedrig über dem Boden flatternden Falter die verschiedensten Blüten an. Sie saugen mit ausgebreiteten Flügeln. Die Eier werden in Gruppen an die Blattunterseiten von Raupenfutterpflanzen geheftet.

<u>Raupe:</u> Die kurz bedornte Raupe ist schwarz mit weißen Pünktchen, nur der Kopf und die Bauchbeine sind kräftig rotbraun. Junge Raupen leben gesellig in einem gemeinsamen, spinnwebartigen Gespinst auf verschiedenen Wegericharten, aber auch auf Großem Ehrenpreis und anderen krautigen Pflanzen. Nach der Überwinterung vereinzeln sie sich und verpuppen sich schließlich in der bodennahen Vegetation zu einer graubraunen Stürzpuppe mit gelblichen Warzen.

<u>Überwinterung:</u> Als noch nicht voll ausgewachsene Raupen in einem gemeinsamen dünnen Gespinst.

Flügel orange

Roter Scheckenfalter, Feuriger Scheckenfalter
Melitaea didyma

Aussehen: Spannweite 3,5–4,5 cm. Die oberseits feuerroten Flügel des Männchens (großes Bild) sind eher spärlich mit schwarzen Flecken versehen, die trüb orange- bis ockerbraunen und grauen Flügel des Weibchens dagegen dicht schwarz gefleckt.

Vorkommen: Der Wärme liebende Tagfalter kommt auf trockenen Magerwiesen, sonnigen Waldlichtungen und Berghängen, in den Alpen bis in 2000 m Höhe, vor.

Flugzeiten: Von Mitte Mai bis Ende September in 1 bis 2 Generationen.

Lebensweise: Der Rote Scheckenfalter ernährt sich von Nektar und ist, vor allem bei Sonnenschein, fast ständig auf Nahrungssuche. Zwischendurch sonnt er sich gern auf offener Erde oder einem Stein. Das Weibchen legt seine Eier dicht an dicht an den Blattunterseiten von Raupenfutterpflanzen ab.

Raupe: Die weißliche, mit schwarzen Linien gezeichnete Raupe hat einen braungelben Kopf. Dicke, weiße und ocker- bis orangegelbe, zapfenartige Dornen, die rings um den Körper und an jedem Segment stehen, verleihen ihr ein bizarres Aussehen. Sie lebt einzeln auf vielerlei krautigen Pflanzen wie z. B. Flockenblumen, Königskerzen und Ehrenpreis. Die weiße Stürzpuppe hat eine schwarze und orangegelbe Zeichnung und ist meist an der Futterpflanze der Raupe aufgehängt.

Überwinterung: Als junge Raupe in einem Gespinst an der Futterpflanze.

> **Bestimmungstipp:**
> Rote Scheckenfalter tragen stets unterseits am Rand der Hinterflügel eine Reihe runder schwarzer Punkte.

Die orangefarbenen Bänder auf der Unterseite der Hinterflügel sind beim Roten Scheckenfalter unterschiedlich stark ausgeprägt.

Flügel orange

Baldrianscheckenfalter, Silberscheckenfalter
Melitaea diamina

Bestimmungstipp: Eindeutiges Erkennungsmerkmal des Baldrianscheckenfalters sind schwarze und gelbe Flecken in der äußeren rostbraunen Binde auf der Unterseite der Hinterflügel.

Aussehen: Spannweite 3,4–4,2 cm. Die beim Männchen rotbraunen, beim Weibchen eher ockerbraunen Flügel weisen oberseits eine dicke, schwarzbraune Gitterzeichnung auf, die den Schmetterling von weitem dunkel aussehen lässt.

Vorkommen: Lebensräume dieses in ganz Mitteleuropa verbreiteten, doch nur lokal häufigen Tagfalters sind feuchte Wiesen, Sümpfe und Hochmoore. Im Gebirge kann man ihn noch in 2000 m Höhe antreffen.

Flugzeiten: Von Ende Mai bis Ende August in nur einer Generation.

Lebensweise: Zur Nahrungsaufnahme sucht der Falter nektarreiche Blüten auf, man kann ihn aber auch an feuchten Bodenstellen saugen sehen. Die Eier werden in kleinen, dichten Gelegen an die Blattunterseiten von Baldrianarten geheftet.

Raupe: Die schwärzliche Raupe mit weißer Äderung und orangegelben Dornen hält sich tagsüber in der bodennahen Vegetation verborgen, am späten Nachmittag steigt sie an ihren Nahrungspflanzen, verschiedenen Baldrianarten, empor, um deren Blätter zu fressen. Schließlich verpuppt sie sich in Bodennähe oder unter Steinen zu einer porzellanartig weißen Stürzpuppe mit schwarzer und orangefarbener Streifen- und Punktezeichnung.

Überwinterung: Als junge Raupen in einem gemeinsamen Gespinst unter dürren Blättern am Boden.

Die weißlichen Flecken auf der Unterseite der Hinterflügel zeigen einen leichten Silberglanz.

Flügel orange

Wachtelweizen-Scheckenfalter
Mellicta athalia

Aussehen: Spannweite 3,5–4 cm. Ebenso wie andere Scheckenfalter trägt auch dieser auf den Flügeloberseiten eine kräftige, schwarze, gitterartige Zeichnung. Die Grundfärbung variiert von Orangerot über Braun bis hin zu Ockergelb.

Vorkommen: Die Art lebt vor allem an feuchten Waldrändern und -wegen, auf Lichtungen und feuchten Wiesen, doch kann man sie ebenso auf Halbtrockenrasen und gebietsweise auch in Hochmooren antreffen. Im Gebirge kommt sie bis in über 2000 m Höhe vor.

Flugzeiten: Von Mitte Mai bis August in einer Generation, auf der Südseite der Alpen bis September in zwei Generationen.

Lebensweise: Um Blütennektar zu saugen, fliegt dieser Tagfalter besonders gern Disteln und Doldenblütler an, er nimmt aber auch an Pfützen oder Kadavern Flüssigkeit auf. Das Weibchen setzt seine Eier als dichte Gelege an der Blattunterseite von Raupenfutterpflanzen ab.

Raupe: Die schwarze Raupe zeichnet sich durch eine Vielzahl weißer Pünktchen und durch dicke, ockergelbe Dornen aus. Sie hält sich auf Wiesenwachtelweizen, Spitzwegerich und verschiedenen anderen krautigen Pflanzen auf, wobei sie in ihren frühen Stadien gesellig, später einzeln lebt. Zuletzt verwandelt sie sich im bodennahen Bewuchs in eine weißliche, schwarz und braun gefleckte Stürzpuppe.

Überwinterung: Als junge Raupen in einem gemeinsamen Gespinst unter dürren Blättern in Bodennähe.

Die Hinterflügel des Wachtelweizen-Scheckenfalters (hier ein frisch geschlüpfter Falter) weisen unterseits orangefarbene, hellgelbe und weiße Fleckenbinden auf.

Flügel orange

Westlicher Scheckenfalter
Mellicta parthenoides

Aussehen: Spannweite 3,2–3,6 cm. Die schwarze Gitterzeichnung auf der kräftig orangefarbenen Flügeloberseite ist bei diesem Scheckenfalter vergleichsweise schwach ausgebildet.

Vorkommen: Die Art ist von Südwesteuropa bis zum südlichen Mitteleuropa verbreitet, und zwar vom Flachland bis in rund 1800 m Höhe. Unter anderem kommt sie in der Oberrheinebene, im Schwarzwald und im Allgäu vor. Lebensraum dieses Tagfalters sind trockene bis feuchte Wiesen, die beweidet oder gemäht werden.

Flugzeiten: Von Mitte April bis Oktober in 1–2 Generationen.

Lebensweise: Wie alle Scheckenfalter ist auch dieser bei Sonnenschein fast ständig auf Nahrungssuche. Zu seinen bevorzugten Nektarpflanzen gehören z. B. Witwenblumen. Die Eier werden vom Weibchen in dichten, gelblichen Gelegen an die Unterseiten von Wegerichblättern geheftet.

Raupe: Die jung noch grünen, schwarzköpfigen Raupen leben zunächst gesellig. Eine ausgewachsene Raupe ist schwarz und von weißen Punkten übersät. Dicke orangegelbe Dornen geben ihr ein wehrhaftes Aussehen. Ihre Nahrungspflanzen sind Spitz- und Mittlerer Wegerich. Zuletzt verwandelt sie sich in eine weißliche Sturzpuppe mit braunen Binden und Flecken, die an einem Pflanzenstängel aufgehängt ist.

Überwinterung: Als junge Raupen in einem gemeinsamen Gespinst zwischen dürren Blättern.

> **Bestimmungstipp:** Das beste Erkennungsmerkmal des Westlichen Scheckenfalters sind die feinen schwarzen Querlinien auf den Flügeloberseiten, die auf den Vorderflügeln häufig unterbrochen sind.

Während die Hinterflügel des Westlichen Scheckenfalters auf der Unterseite weißliche und orangefarbene Fleckenbinden haben, weisen die orangefarbenen Vorderflügel schwarze Flecken auf.

Flügel orange

Goldener Scheckenfalter, Skabiosenscheckenfalter
Eurodryas (Euphydryas) aurinia

Aussehen: Spannweite 3,2–4,3 cm. Von weitem gesehen lässt die ockergelbe Grundfärbung der Flügeloberseiten den Falter goldbraun erscheinen, aus der Nähe wirkt er durch die mosaikartige Musterung ausgesprochen bunt. Unterseits ist er ähnlich gezeichnet, jedoch heller und blasser gefärbt.

Vorkommen: Der in Mitteleuropa von den Niederungen bis in etwa 1500 m Höhe verbreitete, zumeist aber nur noch lokal auftretende Tagfalter lebt hauptsächlich auf Feuchtwiesen, in sumpfigem Gelände und in Niedermooren, gebietsweise auch auf Trockenrasen.

Flugzeiten: Von Anfang Mai bis Mitte Juli in nur einer Generation.

Lebensweise: Der Falter ist wenig aktiv und legt immer nur kurze Flugstrecken zurück. Seine Nektarnahrung sucht er oft in den Blüten von Mehlprimel, Hahnenfuß- und Distelarten. Das Weibchen klebt zitronengelbe Eier, die sich im Lauf der Zeit rotbraun verfärben, als dichtes Gelege an die Blätter von Raupenfutterpflanzen.

Raupe: Die voll ausgewachsene Raupe ist schwarz mit silberweißen Längsstreifen. Von jedem Segment stehen borstig behaarte Dornen ab. Als Nahrungspflanze dient ihr vorwiegend Teufelsabbiss, aber auch Taubenskabiose. Die Verpuppung zu einer weißen, schwarz gefleckten Stürzpuppe erfolgt in der Vegetation am Boden.

Überwinterung: Als junge Raupen in einem Gemeinschaftsgespinst im bodennahen Bewuchs.

> **Bestimmungstipp:** Kennzeichnend für den Goldenen Scheckenfalter sind schwarze Punkte, die auf der Oberseite nahe am Rand der Hinterflügel in der orangefarbenen Fleckenbinde sitzen.

In den Alpen kommt zwischen 1800 und 2600 m Höhe eine sehr veränderliche, besonders dunkel gefärbte Unterart des Goldenen Scheckenfalters vor. Ihre Raupen leben an Enzianarten, die Falter fliegen von Mitte Juni bis Ende August.

Flügel orange

Bestimmungstipp: Im Gegensatz zu den übrigen Wiesenvögelchen, die auf der Hinterflügelunterseite auffällige Augenflecken tragen, weist das Kleine Wiesenvögelchen dort höchstens sehr schwach angedeutete Flecken oder Punkte auf.

Kleines Wiesenvögelchen, Kleiner Heufalter, Kälberauge
Coenonympha pamphilus

Aussehen: Spannweite 3,2–3,6 cm. Seine orangefarbene Flügeloberseite zeigt der kleine Tagfalter praktisch nie, im Sitzen hält er die Flügel stets geschlossen. Unterseits fällt ein schwarzer, hellgelb umrandeter Augenfleck in der Spitze des Vorderflügels auf.

Vorkommen: Man trifft die Art an verschiedenen Standorten an, vom Flachland bis in über 1800 m Höhe, z. B. auf Mager- und Trockenrasen, Weiden, Moorwiesen und Waldlichtungen, ebenso an Straßenböschungen und Wiesenrainen.

Flugzeiten: Von Mitte März bis Mitte Oktober in 2–3 Generationen, in höheren Lagen in nur einer Generation.

Lebensweise: Sowohl bei trübem wie bei sonnigem Wetter sieht man den Falter langsam flattern, zumeist dicht über dem Bodenbewuchs. Zwischendurch lässt er sich häufig auf dem Boden oder an Grashalmen nieder, seltener auf Blüten. Das Weibchen legt seine Eier einzeln an der Basis der Raupenfuttergräser ab.

Raupe: Die schlanke spindelförmige Raupe ist grasgrün mit dunklem Rückenstreifen und dünnen, hellen Längsstreifen. Ihr Hinterleib endet in einer kurzen, hellen Schwanzgabel. Sie frisst vorwiegend nachts an verschiedenen Grasarten. Zuletzt verwandelt sie sich an einem Grashalm in eine dicke, grüne Stürzpuppe.

Überwinterung: Als junge Raupe in der Bodenstreu.

Besonderes: Das Kleine Wiesenvögelchen ist in Mitteleuropa einer der häufigsten Tagfalter.

Das Große Wiesenvögelchen *(Coenonympha tullia)*, hier bei der Paarung, kommt vor allem in Moorgebieten und auf Feuchtwiesen vor. Auf der Unterseite der Hinterflügel reihen sich mehrere Augenflecken von unterschiedlicher Größe aneinander.

Flügel orange

> **Bestimmungstipp:**
> Eindeutig ist das Weißbindige Wiesenvögelchen daran zu erkennen, dass der äußerste Augenfleck des Hinterflügels stets vor der weißen Binde, die übrigen aber dahinter stehen.

Weißbindiges Wiesenvögelchen, Perlgrasfalter
Coenonympha arcania

Aussehen: Spannweite 3,2–3,8 cm. Über die Hinterflügel zieht sich eine breite, auffällig weiße Binde, an deren Rand unterschiedlich große, gelb umringte Augenflecken stehen. Die Vorderflügel sind, von einem braunen Saum abgesehen, orangefarben und tragen einen einzelnen Augenfleck in der Spitze.

Vorkommen: Vom Flachland bis in etwa 1200 m Höhe kommt dieser Tagfalter vor, vorwiegend jedoch im Hügelland. Er bevorzugt trockene Waldränder, buschbestandene Hänge und von Hecken und Strauchgruppen durchsetztes Grasland.

Flugzeiten: Von Mitte Mai bis Ende August in gewöhnlich nur einer Generation.

Lebensweise: Meist sieht man das Weißbindige Wiesenvögelchen ungefähr in Kopfhöhe um Sträucher fliegen. Zum Ruhen setzt es sich – stets mit geschlossenen Flügeln – auf das Laub von Sträuchern und niedrigen Bäumen. Das Weibchen heftet seine Eier meist einzeln an Grashalme.

Raupe: Eine dunkle Rückenlinie und gelbe Linien an den Seiten kennzeichnen die grüne Raupe. Ihr zugespitztes Körperende läuft in rötliche Afterspitzen aus. Sie lebt an verschiedenen Grasarten. Zuletzt verwandelt sie sich in eine dicke, grau- oder weißlich grüne Stürzpuppe mit dunkler Linien- und Punktezeichnung, die gewöhnlich knapp über dem Boden an einem Grashalm hängt.

Überwinterung: Als Raupe im bodennahen Bewuchs.

Das Alpenwiesenvögelchen *(Coenonympha gardetta)* kommt auf alpinen Matten zwischen 1400 und 2500 m Höhe vor. Den Augenflecken auf seinen Hinterflügeln fehlen gelbe Ringe.

Flügel orange

Bestimmungstipp: Kennzeichnend für das Rotbraune Wiesenvögelchen ist zum einen die meist in Flecken aufgelöste weiße Binde, zum anderen je ein rostroter und bleigrauer Saumstreifen auf der Unterseite der Hinterflügel.

Rotbraunes Wiesenvögelchen
Coenonympha glycerion

Aussehen: Spannweite 3–3,4 cm. Die rotbraunen Flügeloberseiten, denen der Schmetterling seinen Namen verdankt, bekommt man so gut wie nie zu sehen, denn der Falter hält seine Flügel im Sitzen stets geschlossen. Unterseits sind nur die Vorderflügel rostbraun, die braunen Hinterflügel weisen eine geteilte weiße Binde sowie eine Anzahl gelb umringter Augenflecken auf.

Vorkommen: Der eher unscheinbare Tagfalter ist in Mitteleuropa nur gebietsweise verbreitet, an geeigneten Standorten aber kann er in größerer Zahl auftreten. Er lebt auf Moor- und Nasswiesen ebenso wie auf trockenen Magerwiesen und Wacholderheiden sowie an trockenen Hängen und Feldrainen. Im Bergland kommt er über 1500 m Höhe nicht mehr vor.

Flugzeiten: Von Mitte Mai bis Ende August in nur einer Generation.

Lebensweise: Die Falter gaukeln zumeist dicht über der niedrigen Vegetation dahin. Zu ihren bevorzugten Nektarpflanzen zählen Feldthymian und Wilder Dost. Die Eier werden einzeln an Gräser geheftet.

Raupe: Die grasgrüne Raupe hat dunkelgrüne und gelbliche Längsstreifen. An ihrem spitz zulaufenden Körperende trägt sie gelbliche Afterzipfel. Sie lebt einzeln und ernährt sich von verschiedenen Grasarten. Die glatte, weißlich graue Stürzpuppe hängt gewöhnlich an einem Grashalm.

Überwinterung: Als Jungraupe, in der bodennahen Vegetation verborgen.

Auf feuchtem Gelände kommt lokal begrenzt auch das Waldwiesenvögelchen *(Coenonympha hero)* vor. Die großen Augenflecken auf seinen Hinterflügeln werden innen von einer weißen Binde, zum Saum hin von einer bleiglänzenden Linie begleitet.

Flügel orange

Mauerfuchs
Lasiommata megera

Aussehen: Spannweite 3,8–4,5 cm. Die orangefarbene Flügeloberseite wird von einer dunkelbraunen netzartigen Zeichnung überzogen, die beim Männchen kräftiger und dunkler ist als beim Weibchen. Sowohl in der Vorderflügelspitze als auch am Hinterflügelrand finden sich dunkle Augenflecken.

Vorkommen: Der Mauerfuchs ist in ganz Mitteleuropa, vom Tiefland bis in 1500 m Höhe, verbreitet. Sein Lebensraum sind trockenwarme, offene Stellen wie Straßenböschungen, Feldraine, Ruinen, felsdurchsetzte Hänge oder Heideland.

Flugzeiten: Von Mitte April bis Ende Oktober in 2–3 Generationen.

Lebensweise: Zwar fliegt dieser Tagfalter recht schnell, doch legt er keine großen Strecken zurück. Zum Sonnen lässt er sich gern auf Mauern nieder, aber auch auf warmem Erdreich oder in windgeschützten Steinmulden sieht man ihn oft sitzen. Gewöhnlich übernachtet er am Boden unter überhängendem Gras. Das Weibchen heftet seine Eier einzeln an Raupenfuttergräser.

Raupe: Die kurz behaarte Raupe ist grasgrün mit unzähligen weißen Pünktchen und kleinen Afterspitzen. Sie lebt und frisst an verschiedenen Grasarten. Zur Verpuppung heftet sie sich an einen Grashalm oder Stein an, wo sie sich in eine glatte, grasgrüne Stürzpuppe verwandelt.

Überwinterung: Als halb ausgewachsene Raupe in der bodennahen Vegetationsschicht.

> **Bestimmungstipp:** Mit seinen dunkelbraunen, gitterartig wirkenden Querbändern auf der Flügeloberseite ist der Mauerfuchs unverwechselbar.

Auf der Flügelunterseite des Mauerfuchses fällt ein großer, gelb umringter Augenfleck in der Vorderflügelspitze auf. Auch die fein grau-braun marmorierten Hinterflügel haben Augenflecken.

Flügel orange

Kleiner Feuerfalter
Lycaena phlaeas

Aussehen: Spannweite 2,5–3 cm. Während die orangefarbenen Vorderflügel kleine schwarze Punkte und einen breiten braunen Rand haben, weisen die Hinterflügel nur eine gezackte orangefarbene Binde am hinteren Rand auf. Die Tiere der Sommergeneration sind in der Regel deutlich dunkler gefärbt als die Frühlings- und Herbstfalter.

Vorkommen: Der in ganz Mitteleuropa verbreitete und gebietsweise nicht seltene Tagfalter kommt vom Tiefland bis in Höhen von 2000 m vor. Anzutreffen ist er auf trockenen, sonnigen Magerrasen, Viehweiden, ungedüngten Feuchtwiesen, Brachland und anderen blütenreichen Flächen, auf denen auch Sauerampfer wächst.

Flugzeiten: Von Anfang April bis Anfang November in 2–4 Generationen.

Lebensweise: Der Falter ist ein gewandter Flieger und holt sich seine Nektarnahrung aus den verschiedensten Blüten. Wenn er ruht, sitzt er meist mit halb geöffneten Flügeln da. Das Weibchen legt seine Eier einzeln an Blätter der Raupenfutterpflanzen.

Raupe: Die asselförmige, kurz behaarte Raupe ist grün mit roten Streifen. Sie lebt auf verschiedenen Sauerampferarten, wo sie verborgen auf der Unterseite eines Blattes sitzt. Auch die ockerbraune, schwarz gepunktete Puppe, in die sie sich zuletzt verwandelt, ist auf der Blattunterseite oder am Blattstiel angeheftet.

Überwinterung: Als junge Raupe an der Nahrungspflanze, gelegentlich auch noch im Ei.

Bestimmungstipp: Oft, jedoch nicht immer, sind beim Kleinen Feuerfalter vor der orangefarbenen Randbinde des Hinterflügels kleine hellblaue Punkte zu erkennen.

Unterseits sind die orangefarbenen, schwarz gepunkteten Vorderflügel des Kleinen Feuerfalters viel kontrastreicher als die unscheinbar graubraunen Hinterflügel.

Flügel orange

Dukatenfeuerfalter, Dukatenfalter
Lycaena (Heodes) virgaureae

Aussehen: Spannweite 3–3,5 cm. Mit seinen feurig rotgoldenen Flügeln ist das Männchen dieses Tagfalters nicht zu übersehen. Der schwarze Saum der Flügel lässt ihren Glanz nur noch intensiver wirken. Auf den ockerbraunen Flügelunterseiten reihen sich kleine schwarze Punkte aneinander.

Vorkommen: Von Norddeutschland bis zu den Südalpen ist dieser prächtige Feuerfalter lokal verbreitet. Im Gebirge kommt er bis zur Baumgrenze bei etwa 2400 m Höhe vor. Sein Lebensraum sind blumenreiche feuchte Wiesen, Waldränder und -lichtungen.

Flugzeiten: Von Mitte Juni bis Mitte September in nur einer Generation.

Lebensweise: Bei der Nektarsuche fliegen die lebhaften Falter die verschiedensten Blüten an, etwa Disteln, Wasserdost oder Baldrian. Sie sitzen häufig mit halb geöffneten Flügeln in der Sonne. Abends finden sie sich nicht selten zu Schlafgemeinschaften in Büschen zusammen. Die Weibchen legen die graugrünen Eier mit wabenartiger Oberflächenstruktur einzeln an Sauerampferblätter.

Raupe: Die asselförmige, dunkelgrüne Raupe weist gelbliche Längsstreifen auf. Sie lebt auf Wiesen- und Kleinem Sauerampfer. Die Verwandlung in eine bräunliche, dunkel gesprenkelte Puppe erfolgt an oder in der Nähe der Nahrungspflanze.

Überwinterung: Als Ei, in dem die Raupe bereits fertig entwickelt ist.

Bestimmungstipp: Beide Geschlechter des Dukatenfeuerfalters weisen auf der Unterseite der Hinterflügel zwischen den schwarzen Punkten einige unregelmäßige weiße Flecken auf.

Dem schwärzlich gefleckten Weibchen des Dukatenfeuerfalters fehlt der prächtige Goldglanz des Männchens. Nur an der Flügelbasis zeigt es einen leichten Metallschimmer.

Flügel orange

Bestimmungstipp: Das Weibchen der nördlichen, braunen Unterart des Violetten Feuerfalters sieht oberseits dem Weibchen des Lilagold-Feuerfalters sehr ähnlich. An den grauen (statt graubraunen) Unterseiten der Hinterflügel und deren orangeroter Randbinde ist es jedoch eindeutig zu erkennen.

Violetter Feuerfalter
Lycaena (Heodes) alciphron

Aussehen: Der Violette Feuerfalter, dessen Flügelspannweite 3,2–3,8 cm beträgt, tritt in zwei Unterarten auf. In Deutschland sind die oberseits orangefarbenen Männchen auf der ganzen Flügelfläche stark violett überhaucht, die Weibchen fast braun. Südlich des Alpenhauptkamms sind die Männchen nur wenig violett verfärbt, die Weibchen orangefarben mit braunen Flecken. Die bräunlich graue Unterseite der Flügel weist eine Vielzahl schwarzer, weiß umrandeter Flecken auf.
Vorkommen: Der ziemlich seltene Feuerfalter lebt auf feuchten, ungedüngten Wiesen, an Waldrändern und auf Lichtungen vom Tiefland bis in 2000 m Höhe.
Flugzeiten: Von Anfang Juni bis Anfang September in einer Generation.
Lebensweise: Bevorzugte Nektarquelle dieses Tagfalters sind Thymianarten. Die Männchen behaupten ihr Revier, indem sie auf hohen Grashalmen sitzen und vorbeifliegende Rivalen attackieren. Die Eiablage erfolgt einzeln an Unterseiten von Sauerampferblättern.
Raupe: Die kurze und dicke, grasgrüne Raupe lebt an Wiesensauerampfer und Kleinem Sauerampfer. Tagsüber hält sie sich am Fuß ihrer Futterpflanze verborgen, nachts frisst sie dann von den Blattunterseiten her Löcher in deren Laub. Am Ende ihres Raupendaseins verpuppt sie sich nahe am Boden zu einer olivgrünen, punktierten Gürtelpuppe.
Überwinterung: Als junge Raupe, in den Stängel der Futterpflanze gebohrt.

Dem Weibchen des Violetten Feuerfalters fehlt der Violettschimmer. Seine Grundfärbung ist, regional unterschiedlich, orange- oder dunkelbraun.

Flügel orange

Bestimmungstipp: Das sicherste Erkennungsmerkmal des Lilagold-Feuerfalters ist beim Männchen der violette Flügelglanz. Bei der in höheren alpinen Lagen fliegenden Unterart schließt die graubraune Flügelunterseite eine Verwechslung mit dem oberseits sehr ähnlichen Dukatenfeuerfalter aus.

Lilagold-Feuerfalter, Kleiner Ampferfeuerfalter
Lycaena (Palaeochrysophanus) hippothoe

Aussehen: Spannweite 3–3,6 cm. Die intensiv rotgoldenen Flügeloberseiten des Männchens schillern nur am Rand violett. Das braune Weibchen hat meist eine orangefarbene Randbinde und ist auf den Vorderflügeln nicht selten orangerot bestäubt. Die bei beiden Geschlechtern graubraunen Flügelunterseiten sind von schwarzen, weiß umrandeten Punkten übersät.

Vorkommen: Nasse Wiesen, Niedermoore und feuchte Bergmatten sind die Lebensräume dieses Tagfalters. In den Alpen kommt er, oft in größerer Zahl, bis in über 2000 m Höhe vor, in Norddeutschland ist er hingegen in weiten Gebieten ausgestorben.

Flugzeiten: Von Anfang Juni bis Anfang September in (meist) nur einer Generation.

Lebensweise: Bei der Nektarsuche fliegt der Falter die verschiedensten Wiesenblumen an. Gelegentlich sieht man Männchen in auffällig schnellem Zickzackflug, der vermutlich dem Anlocken von Weibchen dient. Das Weibchen legt seine Eier einzeln an der Basis von Sauerampferblättern ab.

Raupe: Die asselförmige, grüne, kurz behaarte Raupe lebt in erster Linie auf Wiesensauerampfer, aber auch auf Kleinem Sauerampfer. Sie ist ausnahmslos nachtaktiv, tagsüber hält sie sich unter Blättern verborgen. Zuletzt verpuppt sie sich zu einer gelbbraunen, schwarz gepunkteten Puppe, die frei am Boden liegt.

Überwinterung: Als Raupe in der Bodenvegetation.

Im Hochgebirge lebt eine alpine Unterart des Lilagold-Feuerfalters, deren Männchen (Bild) der violette Flügelglanz fehlt und deren Weibchen völlig dunkelbraun sind.

Flügel orange

Rostfarbiger Dickkopffalter
Ochlodes venatus

Aussehen: Spannweite 3–3,5 cm. Die rostbraunen Flügel weisen stets orangefarbene Flecken auf, die beim Männchen (großes Bild) weniger deutlich sind als beim Weibchen. Die Flügelunterseiten sind gelbbraun und undeutlich gelb gemustert.

Vorkommen: Die Art ist in ganz Mitteleuropa verbreitet, in den Alpen bis in 2000 m Höhe. Sie kommt gleichermaßen an trockenen wie an feuchten Standorten vor. Insbesondere trifft man sie in lichten Wäldern, entlang von Wegen und auf Moorwiesen an, doch nirgendwo in großer Zahl.

Flugzeiten: Von Ende Mai bis Anfang September in meist nur einer Generation.

Lebensweise: Der Tagfalter fliegt mit schnellen, schwirrenden Flügelschlägen, meist niedrig über dem Boden. Auch bei sonnigem Wetter ruht er oft lange auf Blättern, fliegt jedoch bei einer Störung sofort davon. Bei der Nektarsuche bevorzugt er violette Blüten. Das Weibchen legt seine Eier einzeln an Gräser.

Raupe: An der dicken, graugrünen Raupe fällt der schwarzbraune, gelblich gezeichnete Kopf auf. Ihre Nahrungspflanzen sind verschiedene Grasarten, an denen sie nicht frei, sondern in einem aus mehreren Grasblättern zusammengesponnenen Gehäuse sitzt. Darin verwandelt sie sich auch, eingesponnen in einen dichten Kokon, in eine lang gestreckte, schwärzliche Puppe.

Überwinterung: Als halb ausgewachsene Raupe in einem zusammengesponnenen Blattgehäuse.

Bestimmungstipp: Das Männchen des Rostfarbigen Dickkopffalters trägt in der Mitte der Vorderflügel einen deutlichen schwarzen Duftschuppenstrich.

Von oben gesehen ist der Komma-Dickkopffalter (*Hesperia comma*) dem Rostfarbigen Dickkopffalter sehr ähnlich, unterseits unterscheidet er sich jedoch durch die würfelförmigen weißen Flecken.

Flügel orange

Ockergelber Braun-Dickkopffalter
Thymelicus sylvestris

Aussehen: Spannweite 2,6–3 cm. Die orangebraunen, ungemusterten Flügeloberseiten weisen beim Männchen einen dünnen schwarzen Duftschuppenstrich auf. Die kräftig ockergelben Flügelunterseiten sind teilweise graugrün überhaucht.

Vorkommen: Der von den Niederungen bis in etwa 1800 m Höhe vorkommende Tagfalter lebt vorzugsweise an grasbewachsenen, blumenreichen Waldrändern und -wegen, auf Lichtungen, an Böschungen und auf Moorwiesen.

Flugzeiten: Von Ende Juni bis Mitte August in nur einer Generation.

Lebensweise: Der bei Sonnenschein schnell umherfliegende Falter ernährt sich von Blütennektar. Besonders gern saugt er an Flockenblumen, Disteln und Echtem Ziest. Bei sinkenden Temperaturen bleibt er oft noch lange auf den Blüten sitzen. Die Eier werden in Grüppchen in die Blattansätze von Gräsern gelegt.

Raupe: Die hellgrüne Raupe weist einen dunkelgrünen Rückenstreifen sowie gelbliche Seitenlinien auf. Ihr Kopf ist dick und dunkelgrün. Sie lebt an Honiggras und verschiedenen anderen Grasarten, wobei sie zwischen tütenförmig zusammengesponnenen Blättern sitzt. Die Verpuppung erfolgt in einem lockeren Gespinst innerhalb der Blatthülle. Die hellgrüne Puppe zeichnet sich durch eine rötliche Rüsselscheide aus.

Überwinterung: Als frisch geschlüpfte Raupe in einem dichten weißen Gespinstkokon.

> **Bestimmungstipp:** Der Duftschuppenstrich des Männchens ist beim Ockergelben Braun-Dickkopffalter dünner als beim Rostfarbigen Dickkopffalter.

Der Schwarzkolbige Braun-Dickkopffalter *(Thymelicus lineolus)* unterscheidet sich durch die schwarzen Unterseiten seiner Fühlerkolben sowie durch die kürzeren Duftschuppenstriche des Männchens.

Flügel orange

Nagelfleck
Aglia tau

Aussehen: Das Männchen dieses tagaktiven Nachtfalters hat eine Flügelspannweite von 5,7–6 cm, das Weibchen ist mit einer Spannweite von 6,5–7 cm noch größer. Namengebendes Merkmal sind die weißen, nagelförmigen Flecken inmitten der blauen, schwarz eingefassten augenähnlichen Zeichnung. Auch auf der weißlich braunen Flügelunterseite finden sich in einer braunen Binde derartige weiße Male.

Vorkommen: Laubwälder, insbesondere solche mit alten Buchenbeständen, sind der Lebensraum des Nagelflecks. Man trifft ihn in Niederungen ebenso an wie im Bergland bis in etwa 1600 m Höhe.

Flugzeiten: Von Ende März bis Juni, in den Alpen bis Juli, in nur einer Generation.

Lebensweise: An warmen Tagen flattern die Männchen in bodennahem Suchflug zwischen den Baumstämmen umher, um paarungsbereite Weibchen aufzuspüren. Diese sitzen meist in Bodennähe an Stämmen oder Zweigen. Befruchtete Weibchen legen ihre rotbraunen, flach ovalen Eier in Gruppen oder einzeln an die Rinde von Raupenfutterbäumen.

Raupe: Die grüne Raupe, die jung mit langen, gegabelten Dornen versehen ist, hat später eine sehr körnige, stark segmentierte Oberfläche. Sie lebt vorwiegend auf Rotbuche, aber auch auf Eiche, Birke, Linde und anderen Laubbäumen. Die gedrungene, braune Puppe liegt in einem lockeren Gespinst in der Bodenstreu.

Überwinterung: Als Puppe.

Bestimmungstipp: Die ausgewachsene Raupe des Nagelflecks ist an dem weißlichen Seitenstreifen, der sich vom Kopf bis zum Hinterende zieht, und an den unmittelbar darüber liegenden orangefarbenen Atemöffnungen leicht zu erkennen.

Nur bis zur dritten Häutung zeichnet sich die Raupe des Nagelflecks durch bizarre Dornfortsätze an Kopf, Rücken und Körperende aus.

Flügel orange

Schlehenspanner
Angerona prunaria

Aussehen: Spannweite 3,8–4,5 cm. Die Flügel des Männchens sind in ihrer Grundtönung orangefarben, die des Weibchens bleich gelb. Bei beiden Geschlechtern weisen sie eine feine, graue Querstrichelung auf, die bei den einzelnen Faltern mehr oder weniger dicht ausfallen kann.

Vorkommen: Der Nachtfalter ist in den Niederungen weit verbreitet, im Bergland kommt er nicht über 1300 m Höhe vor. Seine Lebensräume sind lichte Wälder, Heckenlandschaften, Moorgebiete sowie Parks und Gärten.

Flugzeiten: Von Ende Mai bis August in lediglich einer Generation.

Lebensweise: Der Schlehenspanner fliegt vorwiegend nachts, oft aber auch bereits am späten Nachmittag. Er ruht gern mit flach ausgebreiteten Flügeln auf den Blattunterseiten von Laubgehölzen, lässt sich aber leicht aufscheuchen.

Raupe: Die sehr schlanke, graubraune Raupe ist hell marmoriert und trägt größere und kleinere Höcker, die sie wie einen dürren Zweig aussehen lassen. Sie lebt auf Schlehe, Weide, Hasel, Himbeere und anderen Laubbäumen und Sträuchern, von deren Laub sie sich ernährt. Wenn sie die Verpuppungsreife erreicht hat, verwandelt sie sich zwischen zwei zusammengesponnenen Blättern in eine glänzend schwarzbraune Puppe, die sich durch zwei gebogene, kurze Spitzen am Hinterende auszeichnet.

Überwinterung: Als halb ausgewachsene Raupe.

Bestimmungstipp: Mit den oberseits zumeist deutlich gesprenkelten Flügeln ist der große Schlehenspanner unverwechselbar. Auch von der normalen Zeichnung abweichende Falter ähneln keiner anderen Art.

Nicht selten tritt eine Form des Schlehenspanners mit großen olivbraunen Flügelbereichen auf. Bei dem abgebildeten Exemplar handelt es sich um ein Weibchen, kenntlich an der hellgelben Grundfärbung.

Flügel verschiedenfarbig

Tagpfauenauge
Inachis io

Aussehen: Spannweite 5,5–6 cm. Auffälligstes Merkmal des rotbraunen Falters ist ein großer mehrfarbiger Augenfleck auf jedem der Flügel. Die Flügelunterseiten sind dunkelbraun marmoriert.

Vorkommen: Das vielerorts häufige Tagpfauenauge zählt zu unseren bekanntesten Tagfaltern. Es ist in feuchten Wäldern anzutreffen, ebenso an Flussufern und Gräben sowie in feuchtem Wiesen- und Buschland. Häufig sieht man die Falter bei der Nahrungssuche auch in Parks und Gärten. In den Alpen kommen sie noch in 2000 m Höhe vor.

Flugzeiten: Von Ende Juni bis Oktober, nach Überwinterung erneut von März bis Juni, in 1–2 Generationen.

Lebensweise: Der Falter saugt Nektar aus vielerlei Blüten, vor allem im Sommer fliegt er jedoch bevorzugt rot- bis blauviolette Blumen an. Im Frühling besetzen die Männchen Reviere, in denen sie an freien Bodenstellen auf paarungsbereite Weibchen warten. Befruchtete Weibchen legen ihre hellgrünen Eier in dichten Häufchen auf Blattunterseiten der Raupenfutterpflanzen.

Raupe: Die schwarze, mit zahlreichen weißen Punkten gezeichnete Raupe trägt glänzend schwarze Dornen. Sie lebt auf Großer Brennnessel, seltener auch auf Hopfen. Zuletzt verpuppt sie sich zu einer grünen oder graubraunen Sturzpuppe, aufgehängt an Pflanzenstängeln oder in Mauerfugen und Holzspalten.

Überwinterung: Als Falter in geschützten Schlupfwinkeln wie Baumhöhlen, Kellern oder Dachböden.

Während die jungen Raupen des Tagpfauenauges gesellig leben und sich in Fresspausen in einem spinnwebartigen Gespinst aufhalten, trennen sie sich mit zunehmender Größe und leben zuletzt einzeln.

Flügel verschiedenfarbig

Admiral
Vanessa atalanta

Aussehen: Spannweite 5–6 cm. Auf den schwarzbraunen Flügeloberseiten trägt dieser Tagfalter kräftig rote Binden und leuchtend weiße Flecken.

Vorkommen: Den auffälligen Wanderfalter kann man in praktisch allen Lebensräumen antreffen, in den Alpen bis in 2000 m Höhe. Vorzugsweise hält er sich in lichten Wäldern, an Waldrändern und in offenem, baumbestandenem Gelände auf, doch auch an Weg- und Uferböschungen, auf Brachflächen und Sumpfwiesen kommt er oft vor, ebenso in Parks, Obstwiesen und Gärten.

Flugzeiten: Zuwanderung ab Mai, dann Flug bis Oktober in 2–3 Generationen.

Lebensweise: Der Admiral ernährt sich überwiegend von Blütennektar, saugt aber auch gern an ausfließendem Baumsaft und überreifem Obst. Das Weibchen legt seine Eier einzeln auf den Blättern der Raupenfutterpflanzen ab.

Raupe: Die kurz bedornte Raupe ist in ihrer Färbung sehr variabel, von schwarz über grünlich grau bis gelbbraun, und zudem mehr oder weniger stark gepunktet und gefleckt. Sie lebt einzeln an Großer Brennnessel, wo sie in tütenartig zusammengesponnenen Blatthüllen sitzt. Die graubraune Stürzpuppe mit goldglänzenden Flecken hängt gewöhnlich an der Unterseite eines Brennnesselblatts.

Überwinterung: Als Falter, jedoch nördlich der Alpen nur sehr vereinzelt. Die Mehrzahl der Tiere versucht im Herbst, nach Süden zurückzuwandern.

Bestimmungstipp: Die Unterseite der Vorderflügel zeigt das Färbungsmuster der Oberseite, jedoch blasser sowie durch blaue Elemente ergänzt.

In Ruhehaltung verdeckt der Admiral die farbkräftigen Vorderflügel durch seine unscheinbaren, braun marmorierten Hinterflügel.

Flügel verschiedenfarbig

Totenkopfschwärmer
Acherontia atropos

Aussehen: Mit einer Flügelspannweite von 11–13 cm ist der Totenkopfschwärmer der größte heimische Schmetterling. Die dunklen Vorderflügel tragen eine rindenähnliche Musterung, Hinterflügel und Hinterleib sind ockergelb und schwarz gezeichnet.

Vorkommen: Der große Nachtfalter wandert alljährlich im Sommer aus dem mediterranen Raum nach Mitteleuropa, wobei er in den Alpen bis in 2000 m Höhe auftritt. Er lebt bevorzugt in geschützten Tälern, ebenso an warmen Hängen der Mittelgebirge.

Flugzeiten: Einwanderung von Mai bis Juli, die folgende Generation von August bis Oktober.

Lebensweise: Der Totenkopfschwärmer fliegt in der späten Dämmerung und nachts. Sein Flug ist schnell und reißend. Als Nahrung saugt er Blütennektar, aber auch austretenden Baumsaft. Die Eiablage erfolgt einzeln an den Blattunterseiten der Raupenfutterpflanzen.

Raupe: Die ausgewachsen gut 10 cm lange, unbehaarte Raupe ist gelb mit blauen bis violetten Schrägstreifen. In erster Linie lebt sie auf Kartoffelstauden, aber auch auf vielen anderen Pflanzen. Zur Verpuppung gräbt sie sich bis zu 20 cm tief in den Boden ein, wo sie sich in eine glänzend rotbraune Puppe verwandelt.

Überwinterung: Als Puppe oder Falter. Gewöhnlich jedoch überleben Totenkopfschwärmer in Mitteleuropa den Winter nicht.

Besonderes: Der Schwärmer dringt nicht selten in Bienenstöcke ein, wo er Honig aus den Waben saugt.

> **Bestimmungstipp:** Kennzeichnendes Merkmal des großen Totenkopfschwärmers ist eine totenkopfähnliche Zeichnung auf dem Brustabschnitt.

Anfangs ist die Raupe des Totenkopfschwärmers in ihrer Grundfärbung bräunlich, später grün, zuletzt gelb. Ihr Hinterleibshorn hängt schwanzartig herab.

Flügel verschiedenfarbig

Ligusterschwärmer
Sphinx ligustri

Aussehen: Spannweite 9–10,5 cm. Die dunkelbraunen Vorderflügel des stattlichen Nachtfalters sind stellenweise grau bestäubt. Sein dicker Hinterleib ist kräftig rosafarben und schwarz gestreift.

Vorkommen: Die in Mitteleuropa weit verbreitete, doch nirgendwo besonders häufige Schwärmerart besiedelt Heckenlandschaften, Ufergehölze, sonnige Hänge und Waldränder, sehr oft auch Parks und Gärten. In den Bergen kommt sie bis in 1500 m Höhe vor.

Flugzeiten: Von Ende April bis Anfang September in nur einer Generation.

Lebensweise: Der Falter ist in der Dämmerung ebenso wie nachts aktiv. Bei der Nahrungssuche steht er im Schwirrflug vor den Pflanzen und saugt mit seinem langen Rüssel Nektar aus nachts geöffneten Blüten. Das Weibchen klebt seine Eier einzeln an die Blattunterseiten der Raupenfuttergehölze.

Raupe: Die unbehaarte Raupe wird bis zu 9 cm lang. Sie ist hellgrün und hat sieben weiße, oberseits violett gesäumte Schrägstreifen an den Seiten. Am Körperende trägt sie ein gekrümmtes Horn mit schwarzer Spitze. Sie lebt an Liguster ebenso wie an Esche, Flieder, Forsythie und Spierstrauch. Die Verwandlung in eine rotbraune Puppe vollzieht sich in einer Erdhöhle.

Überwinterung: Als Puppe, gelegentlich zweimal.

Besonderes: Bis zu erbsengroße Kotballen mit eigenartiger Kleeblattform, die sich unter Sträuchern sammeln, weisen auf die Anwesenheit der Raupen hin.

Bestimmungstipp: Von ähnlichen Schwärmern lässt sich der Ligusterschwärmer anhand seiner rosafarben und schwarz gestreiften Hinterflügel unterscheiden.

Bei Störungen richtet sich die Raupe des Ligusterschwärmers zu einer abwehrenden »Sphinx-Stellung« auf.

Flügel verschiedenfarbig

Abendpfauenauge
Smerinthus ocellata

Bestimmungstipp: Die borkenartig marmorierten Vorderflügel, vor allem aber die bei Gefahr zur Schau gestellten großen Augenflecken auf den Hinterflügeln machen das Abendpfauenauge unverwechselbar.

Aussehen: Spannweite 7–8,5 cm. Wenn der große Nachtfalter seine graubraunen, großflächig marmorierten Vorderflügel öffnet, präsentiert er sein Erkennungsmerkmal: die gelblich und rosenrot gefärbten Hinterflügel, die sich durch einen großen blauen, schwarz umrandeten Augenfleck auszeichnen.

Vorkommen: Lichte Laubwälder, Uferauen, Moorgebiete und luftfeuchtes, buschbestandenes Gelände sind die Lebensräume dieses weit verbreiteten Schmetterlings. Ebenso ist er in Parks und Gärten vertreten. In den Alpen kommt er bis in 2000 m Höhe vor.

Flugzeiten: Von Anfang Mai bis Ende August in meist nur einer Generation.

Lebensweise: Gelegentlich schwärmen die Falter bereits in der Dämmerung aus, gewöhnlich fliegen sie aber erst spät in der Nacht. Sie nehmen keine Nahrung auf, ihr Saugrüssel ist verkümmert. Das Weibchen legt seine hellgrünen Eier einzeln oder paarweise an Blattunterseiten der Raupenfuttergehölze.

Die stattliche, meist bläulich grün gefärbte Raupe frisst gern im hellen Sonnenschein.

Raupe: Die grüne, unbehaarte, bis 9 cm lange Raupe zeichnet sich durch weißliche Schrägstreifen an den Seiten aus. Ihre Atemöffnungen sind purpurrot eingefasst. Sie lebt vorzugsweise an Weidenarten, aber auch an Pappeln, Obstbäumen und verschiedenen anderen Laubgehölzen. Zur Verpuppung gräbt sie sich in den Boden ein. Die Puppe hat eine gedrungene Form und ist glänzend braun.

Überwinterung: Als Puppe, bis zu 20 cm tief im Boden.

Flügel verschiedenfarbig

Mittlerer Weinschwärmer
Deilephila elpenor

Aussehen: Spannweite 6–6,8 cm. Die Flügel sind ebenso wie der Körper in Olivgrün und Rosarot gemustert, nur die Basis der Hinterflügel ist schwarz.

Vorkommen: Der weit verbreitete und in den entsprechenden Lebensräumen noch häufige Nachtfalter ist ein Bewohner von Brachflächen in Niederungen, Uferböschungen und lichten Wäldern. Auch in Parks und Gärten kommt er nicht selten vor. In den Alpen ist er bis in 1900 m Höhe anzutreffen.

Flugzeiten: Von Anfang Mai bis August in einer Generation oder bis September in zwei Generationen.

Lebensweise: Der dämmerungs- und nachtaktive Schwärmer nimmt Nektar auf, indem er im Schwirrflug vor den Blüten steht. Die Eiablage erfolgt einzeln an Blättern der Raupennahrungspflanzen.

Raupe: Die dicke, unbehaarte Raupe ist als ausgewachsenes Tier meist dunkelbraun, seltener grün, und mehr oder weniger kräftig schwarz gesprenkelt. Ihr kurzes, gekrümmtes Hinterleibshorn hat eine weiße Spitze. Am Vorderkörper trägt sie beidseits zwei große, nierenförmige Augenflecken auf dem Rücken, die den Anschein eines Schlangenkopfs erwecken, wenn sich die Raupe in Abwehrstellung aufrichtet und den Kopf einzieht. Ihre Nahrungspflanzen sind Weidenröschen- und Springkrautarten, gelegentlich auch andere Pflanzen. In Gärten lebt sie an Fuchsien. Die braune Puppe liegt am Boden oder knapp unter der Erdoberfläche.

Überwinterung: Als Puppe.

Der noch intensiver rosarot gefärbte Kleine Weinschwärmer *(Deilephila porcellus)* ist neben dem Kiefernschwärmer unsere häufigste heimische Schwärmerart. Er fliegt, gleichfalls bereits in der Dämmerung, vor allem an blütenreichen Feld- und Wegrainen, Wiesenböschungen und Waldrändern.

Flügel verschiedenfarbig

Bestimmungstipp: Im transparenten Teil des Vorderflügels befindet sich beim Hummelschwärmer ein dunkler Fleck.

Hummelschwärmer
Hemaris fuciformis

Aussehen: Spannweite 4–4,5 cm. Die Flügel dieses Nachtfalters sind bis auf einen rotbraunen Rand transparent. Damit und mit seinem breiten, pelzig behaarten Körper sieht er entfernt einer Hummel ähnlich. Der Hinterleib weist eine breite, dunkelbraune Querbinde und auffällig helle seitliche Haarbüschel auf.

Vorkommen: Der Hummelschwärmer fliegt vor allem an blumenreichen Waldrändern und auf Lichtungen sowie in sonnigen Auwäldern. Auch an besonnten Berghängen, in den Alpen bis in 2000 m Höhe, kommt er vor.

Flugzeiten: Von Anfang Mai bis September in einer, manchmal auch zwei Generationen.

Lebensweise: Der rein tagaktive Schwärmer ist wärmeliebend und bei Sonnenschein aktiv auf Nahrungssuche. Zur Nektaraufnahme steht er im Schwirrflug vor der Blüte und senkt nur kurz seinen langen Rüssel hinein, bevor er pfeilschnell zur nächsten Blüte weiterfliegt. Die Eier werden einzeln an die Blattunterseiten von Raupenfuttersträuchern geklebt.

Raupe: Auffälligste Merkmale der grünen, unbehaarten Raupe sind die rotbraun umrandeten Atemöffnungen sowie ein langes, gleichfalls rotbraunes Hinterleibshorn. Als Nahrungspflanzen dienen ihr Heckenkirsche oder Geißblatt, seltener auch Schneebeere. Am Ende des Raupenstadiums verwandelt sie sich in einem leichten Gespinst meist knapp unter der Erdoberfläche in eine schwarzbraune Puppe.

Überwinterung: Als Puppe.

Der Skabiosenschwärmer *(Hemaris tityus)* unterscheidet sich durch einen rostroten Fleck am Hinterleibsende sowie einen graubraunen Saum um die durchsichtigen Flügelflächen.

Flügel verschiedenfarbig

Taubenschwänzchen
Macroglossum stellatarum

Aussehen: Spannweite 4–5 cm. Die graubraunen Vorderflügel des Nachtfalters sind mit dünnen schwarzen Querlinien gezeichnet, die Hinterflügel einfarbig dottergelb bis orangefarben.

Vorkommen: Als Wanderfalter ist das Taubenschwänzchen weit verbreitet. Vor allem trifft man es an blütenreichen Hängen und Waldrändern, in Hochstaudenfluren, an Straßenrändern sowie in Parks und Gärten an. In den Alpen kommt es bis in 3000 m Höhe vor.

Flugzeiten: Von Mai bis November oder Dezember in 2–3 Generationen, die großteils von Einwanderern aus dem Süden Europas gebildet werden. Falter, die nördlich der Alpen überwintert haben, fliegen gebietsweise schon ab März.

Lebensweise: Der tagaktive Schwärmer ist bis Sonnenuntergang bei der Nahrungssuche zu beobachten. Er ernährt sich von Blütennektar und nimmt mit seinem langen Rüssel die Nahrung auf, während er wie ein Kolibri schwirrend in der Luft steht. Das Weibchen legt seine Eier einzeln an den Raupenfutterpflanzen ab.

Raupe: Die grüne oder braune, unbehaarte Raupe ist durch dünne, weißliche Längsstreifen und ein dunkelblaues Hinterleibshorn mit gelber Spitze gut zu erkennen. Sie lebt auf verschiedenen Labkrautarten. Die Verwandlung in eine braune Puppe vollzieht sich in einem lockeren Gespinst am oder im Boden.

Überwinterung: Als Falter oder Puppe, nördlich der Alpen jedoch nur in klimatisch milden Gegenden möglich.

Bestimmungstipp: Charakteristisch und namengebend für das Taubenschwänzchen sind verlängerte Schuppen an seinem breiten Hinterende, die an einen gefiederten Vogelschwanz erinnern.

Ein ruhig dasitzendes Taubenschwänzchen ist unscheinbar braun. Allenfalls sein breiter, dunkler »Schwanz« fällt auf.

Flügel verschiedenfarbig

Zimtbär, Rostbär
Phragmatobia fuliginosa

Aussehen: Spannweite 3–3,5 cm. Seinen Namen verdankt der Nachtfalter seinen gewöhnlich zimtbraunen Vorderflügeln. Wie die roten, schwarz gefleckten Hinterflügel sind sie nur spärlich beschuppt und daher leicht durchscheinend.

Vorkommen: Die weit verbreitete Art ist vielerorts nicht selten. Ihr Lebensraum umfasst trockene wie auch feuchte Fluren, ebenso Waldränder, Lichtungen und Auwälder. Auch auf landwirtschaftlichen Flächen kommt sie vor, desgleichen in Streuobstwiesen und Gärten. In den Alpen lebt sie bis in über 2000 m Höhe.

Flugzeiten: Von Mitte April bis in den Oktober hinein in 2–3 Generationen.

Lebensweise: Zwar ist der Falter vorwiegend nachtaktiv, doch kann man ihn auch tagsüber öfter in der Vegetation ruhend, gelegentlich auch fliegend entdecken. Aufgrund seines verkümmerten Saugrüssels kann er keine Nahrung aufnehmen. Das Weibchen legt seine Eier in dichten Gelegen an Raupenfutterpflanzen.

Raupe: In den ersten Häutungsstadien ist die Raupe grau, warzig und mit einer gelben Rückenlinie gezeichnet. Ausgewachsen trägt sie einen dichten, braunen Haarpelz. Ihre Nahrungspflanzen sind Löwenzahn, Brennnessel und viele andere krautige Pflanzen. Die Verwandlung in eine rotbraune Puppe erfolgt in einem Kokon in der bodennahen Vegetation.

Überwinterung: Als ausgewachsene Raupe an einer geschützten Stelle im Bewuchs am Boden.

Bestimmungstipp: Außer in Zimt- oder Rostbraun tritt der Zimtbär auch gelegentlich in Gelbbraun oder einem dunklen Rotbraun auf. Stets jedoch befindet sich in der Mitte der Vorderflügel ein kleiner schwarzer Fleck.

Die pelzige Raupe des Zimtbären kann gelblich, fuchsrot oder dunkelbraun behaart sein. Sie ernährt sich von den verschiedensten krautigen Pflanzen.

Flügel verschiedenfarbig

Wegerichbär
Parasemia plantaginis

Aussehen: Spannweite 3,5–4 cm. Die schwarzen Vorderflügel des sehr unterschiedlich gezeichneten Schmetterlings sind gelblich weiß gemustert. Die beim Männchen meist gelben oder weißen, beim Weibchen roten Hinterflügel weisen mehr oder weniger ausgedehnte schwarze Binden und Flecken auf.
Vorkommen: In erster Linie kommt dieser tagaktive Nachtfalter in Hügelland und in den Mittelgebirgen vor, ebenso im Alpenraum von den Tälern bis hinauf auf 3000 m Höhe. Er besiedelt Waldränder, -lichtungen und -wege sowie Feucht- und Moorwiesen ebenso wie Hochstaudenfluren und Straßenböschungen.
Flugzeiten: Von Mitte Mai bis Mitte Juli, in den höheren Lagen der Alpen bis August, in einer Generation.
Lebensweise: Während die Weibchen ziemlich flugträge sind und meist auf niedrigen Pflanzen sitzen, unternehmen die Männchen bei Sonnenschein, insbesondere am späten Nachmittag, häufig kurze Flüge, um paarungsbereite Weibchen zu suchen. Befruchtete Weibchen setzen ihre grünlich gelben Eier in dichten Gruppen an niedrigen krautigen Pflanzen ab.
Raupe: Die dicht und lang behaarte, schwarzbraune Raupe trägt als ausgewachsenes Tier fuchsrote Haarbüschel auf dem Rücken. Sie lebt auf verschiedenen krautigen Pflanzen wie Wegericharten, Löwenzahn oder Sauerampfer. Die Verpuppung erfolgt in einem lockeren Gespinst im Bodenbewuchs.
Überwinterung: Als junge Raupe in der Moosschicht.

> **Bestimmungstipp:** Beim Wegerichbären treten nicht selten Männchen mit vorwiegend weißen oder fast völlig schwarzen Hinterflügeln auf.

Im Frühjahr kann man die Raupe des Wegerichbären manchmal in der Sonne auf einem Blatt sitzen sehen. Bei einer Störung kann sie sich beinahe springend in Sicherheit bringen.

Flügel verschiedenfarbig

Brauner Bär
Arctia caja

Bestimmungstipp:
Die signalroten Hinterflügel mit den blauschwarzen Flecken, die der ruhende Falter jedem Störenfried darbietet, machen den Braunen Bären unverkennbar.

Aussehen: Spannweite 5–7 cm. Die braunen Vorderflügel dieses auffälligen Nachtfalters sind gitterartig mit weißen Binden gezeichnet. Die leuchtend zinnoberroten Hinterflügel weisen metallisch blau glänzende, schwarz umrandete Flecken auf. Zudem sind Kopf, »Kragen« und Beine rot behaart.

Vorkommen: Der Braune Bär bevorzugt lichte Wälder, buschbestandenes Gelände, Flussniederungen, Parks und Gärten, von Tieflagen bis in 1800 m Höhe.

Flugzeiten: Von Ende Juni bis September in nur einer Generation.

Lebensweise: Der farbenprächtige Falter fliegt ausschließlich nachts, tagsüber ruht er auf Pflanzen in Bodennähe. Da sein Saugrüssel rückgebildet ist, nimmt er keine Nahrung auf. Das Weibchen heftet seine apfelgrünen Eier in großen Gelegen an die Blattunterseiten von Raupenfutterpflanzen.

Raupe: Die schwarzbraune Raupe ist von dichten Büscheln sehr langer, rotbrauner Haare bestanden, die von weißen Warzen ausgehen. Sie lebt an den verschiedensten Pflanzen, etwa Weiden, Brennnesseln oder Disteln. Zur Verpuppung fertigt sie ein Gespinst zwischen Pflanzenstängeln auf oder nur wenig über dem Boden.

Überwinterung: Als junge Raupe im Bodenbewuchs.

Besonderes: Zur Abwehr von Angreifern, die sich durch das blitzartige Präsentieren der grellfarbigen Hinterflügel nicht abschrecken lassen, vermögen die Falter eine übel riechende Flüssigkeit abzusondern.

An schönen Frühlingstagen kann man die Raupen des Braunen Bären in der wärmenden Sonne sitzen sehen. Werden sie gestört, rollen sie sich blitzschnell zusammen, lassen sich fallen und stellen sich tot, wie es für Raupen aller Bärenfalter typisch ist.

Flügel verschiedenfarbig

Schönbär
Callimorpha dominula

Aussehen: Spannweite 5–6 cm. Die glänzend schwarz gefärbten Vorderflügel dieses Nachtfalters weisen eine Anzahl unterschiedlich großer weißer und gelber Flecken auf, die leuchtend roten Hinterflügel sind dagegen schwarz gefleckt.

Vorkommen: Der farbenprächtige Schmetterling ist in Mitteleuropa nur inselartig verbreitet, im Bergland bis in Höhen von 1500 m. Seine bevorzugten Lebensräume sind feuchte Waldlichtungen, Auwälder sowie dicht bewachsene Fluss- und Bachufer.

Flugzeiten: Von Ende Mai bis Mitte August in nur einer Generation.

Lebensweise: Bei Sonnenschein flattert der Falter – vorwiegend am späten Nachmittag – in etwas schwer fälligem Flug umher und sucht Blüten nach Nektar ab, wobei er Disteln bevorzugt anfliegt. Das Weibchen heftet seine gelbgrünen Eier in einer dichten Gruppe an Blätter der Raupenfutterpflanzen.

Raupe: Die Raupe ist deutlich schwarzgelb gefärbt. Von warzigen Erhebungen gehen kurze Borstenbüschel aus. Sie lebt auf verschiedenen Stauden und Gehölzen, deren Blätter sie nachts frisst, während sie sich tagsüber unter Laub verborgen hält. Ausgewachsene Raupen kann man auch tagsüber beobachten. Zuletzt fertigen sie sich am Boden ein weiches, weißgraues Gespinst, in dem sie sich verpuppen.

Überwinterung: Als junge Raupe, zusammengerollt in Blättern der Bodenvegetation.

> **Bestimmungstipp:**
> Die gelbschwarze Raupe des Schönbären erinnert an diejenige des Kleinen Fuchses. Doch zwischen ihren leuchtend gelben Rückenflecken trägt sie weiße Punkte, und statt Dornen hat sie Borstenbüschel.

Die auffällig schwarzgelb gezeichnete Raupe des Schönbären sitzt oft in der wärmenden Sonne auf der Oberseite von Blättern.

Flügel verschiedenfarbig

Spanische Fahne, Russischer Bär
Callimorpha (Euplagia) quadripunctaria

Aussehen: Spannweite 5,5–6 cm. Cremefarbene Binden durchziehen die schwarzen Vorderflügel dieses Nachtfalters, seine leuchtend roten Hinterflügel tragen schwarze Flecken. Vereinzelt treten auch Tiere auf, deren Hinterflügel gelb statt rot sind.

Vorkommen: Die Spanische Fahne ist vorwiegend eine Schmetterlingsart der Niederungen, im Bergland tritt sie oberhalb von 1000 m kaum mehr auf. Ihr Lebensraum sind vor allem trockenwarme Hänge, Waldränder, Brachflächen, gelegentlich auch waldnahe Parks und Gärten.

Flugzeiten: Von Anfang Juli bis September in nur einer Generation.

Lebensweise: Der tagaktive Nachtfalter fliegt hauptsächlich bei Sonnenschein. Er ernährt sich von Blütennektar, seine bevorzugten Nektarquellen sind Wasserdost und Disteln. Die Eier werden in kleinen Gruppen an Blatträndern der Raupenfutterpflanzen abgelegt.

Raupe: Die schwarzbraune Raupe hat hellbraune, beborstete Warzen, eine gelbe Rückenlinie und weiße Seitenflecken. Sie lebt an verschiedenen krautigen Pflanzen wie Taubnessel oder Wiesensalbei, aber auch an Strauchgehölzen wie Himbeere oder Heckenkirsche. Hauptsächlich frisst sie nachts, tagsüber hält sie sich unter Blättern verborgen. Die Verpuppung findet in einem lockeren Gespinst in der Laubstreu statt.

Überwinterung: Als junge Raupe in der bodennahen Vegetation.

Bestimmungstipp: Dank ihrer Streifenzeichnung auf den Vorderflügeln, die in der äußeren Hälfte ein breites »V« bildet, ist die Spanische Fahne unverwechselbar.

Mit geschlossenen Flügeln ist der Falter trotz seiner kontrastreichen Färbung am besonnten Boden, im Spiel von Licht und Schatten, nur schwer zu entdecken, denn die Zeichnung löst seine Flügelflächen optisch auf.

Flügel verschiedenfarbig

Blutbär, Jakobskrautbär, Karminbär
Tyria jacobaeae

Aussehen: Spannweite 3,5–4 cm. Auf den dunkel graubraunen Vorderflügeln finden sich karminrote Streifen und rundliche Flecken, die leuchtend roten Hinterflügel sind dunkel gesäumt.

Vorkommen: Der in Europa weit verbreitete, nördlich der Alpen aber nur lokal auftretende Nachtfalter ist vor allem in weiten Teilen Norddeutschlands selten geworden. Als Lebensraum bevorzugt er trockene Wiesen und Hänge, Heideflächen und Steinbrüche, er kommt aber auch in lichten Wäldern sowie gelegentlich in Feuchtgebieten vor. Im Gebirge ist er bis in 1600 m Höhe anzutreffen.

Flugzeiten: Von Anfang Mai bis August oder September in 1–2 Generationen.

Lebensweise: Wenngleich vorwiegend nachtaktiv, fliegen die Falter doch auch häufig tagsüber aus dem Bewuchs auf. Oft sieht man sie auch an Grashalmen ruhen. Die gelben Eier werden vom Weibchen in dichten Gruppen auf die Blattunterseite von Raupenfutterpflanzen geklebt.

Raupe: Die gelbschwarz geringelten, nur spärlich behaarten Raupen leben, meist gesellig, an verschiedenen Greiskrautarten. Ihre Vorliebe gilt Knospen und Blüten, nicht selten fressen sie die Pflanzen aber auch vollständig kahl. Als ausgewachsene Raupen vereinzeln sie sich allmählich, um sich schließlich in einem lockeren Kokon am Boden zu verpuppen.

Überwinterung: Als Puppe.

> **Bestimmungstipp:** Seine leuchtend roten Hinterflügel machen den Blutbären auch im Flug unverkennbar.

Mit ihrer an Wespen erinnernden gelbschwarzen Färbung warnen die Raupen des Blutbären Fressfeinde und signalisieren Ungenießbarkeit. Tatsächlich enthalten sie Giftstoffe, die sie über ihre Futterpflanzen aufgenommen haben.

Flügel verschiedenfarbig

Mondvogel, Mondfleck
Phalera bucephala

Aussehen: Spannweite 5,5–6,5 cm. Ein großer, bleichgelber »Mondfleck« an der Spitze der silbergrauen Vorderflügel kennzeichnet den ungewöhnlich aussehenden Nachtfalter. Der verdickte vordere Brustabschnitt ist ockergelb gefärbt und von rotbraunen Schuppen umrandet.

Vorkommen: Die weit verbreitete Art bewohnt Laub- und Laubmischwälder, Feld- und Ufergehölze und mit Gebüsch durchsetzte Fluren ebenso wie Parks und Gärten. In den Alpen kommt sie noch in über 1800 m Höhe vor.

Flugzeiten: Von Anfang Mai bis Anfang August in einer Generation.

Lebensweise: Den ausschließlich nachtaktiven Falter kann man tagsüber manchmal an Baumstämmen, an niedrigen Zweigen oder an Pflanzen in Bodennähe sitzen sehen. Er hält seine Flügel beim Ruhen eng um den Körper gelegt. So wirkt er wie ein abgebrochenes Zweigstück und ist gut getarnt. Das Weibchen legt seine grünen, halbkugeligen Eier in kleinen Gruppen an die Unterseite von Laubblättern.

Raupe: Die schwarzgelb gemusterten, lang behaarten Raupen leben bis zur vorletzten Häutung gesellig, insbesondere an Weiden, aber auch an Eichen, Linden, Birken und anderen Laubbäumen oder Sträuchern. Am Ende ihres Raupendaseins kriechen sie zum Boden herab und verpuppen sich dicht unter der Erde zu einer schwarzbraunen Puppe.

Überwinterung: Als Puppe.

> **Bestimmungstipp:**
> An den silbrig beschuppten, in der Ruhestellung stets eingerollten Flügeln ist der Mondvogel leicht zu erkennen.

Wenn sie ausgewachsen sind (Bild), verteilen sich die Raupen des Mondvogels auf den Zweigen.

Flügel verschiedenfarbig

Kleines Nachtpfauenauge
Saturnia (Eudia) pavonia

Aussehen: Das Weibchen dieses auffälligen Nachtfalters ist mit einer Flügelspannweite von 6–7,5 cm wesentlich größer als das Männchen, das nur eine Spannweite von 5–5,8 cm aufweist. Während die Flügel des Weibchens in ihrer Grundfärbung weißlich grau sind, hat das Männchen (großes Bild) in seinen Vorderflügeln braungraue und weinrote Farbpartien sowie ocker- bis orangegelbe Hinterflügel.

Vorkommen: Lichte Wälder, Waldränder, Moorgebiete, Heideflächen und Ödland sind die Lebensräume dieses in Mitteleuropa weit verbreiteten Schmetterlings. In den Alpen lebt er bis in Höhen von 2000 m.

Flugzeiten: Von Mitte März bis Anfang Juni in nur einer Generation.

Lebensweise: Das tagaktive Männchen fliegt auf der Suche nach Weibchen unstet umher. Das Weibchen sitzt hingegen tagsüber in der niedrigen Vegetation und fliegt gewöhnlich nur nachts. Dann heftet es seine braunen Eier in dichten Gelegen an Stängel und Zweige von Raupenfutterpflanzen.

Raupe: Die ausgewachsene Raupe ist grün und hat meist schwarze Querbänder, auf denen sich goldgelbe oder rote Knopfwarzen mit Borsten befinden. Zu den zahlreichen Futterpflanzen dieser Art gehören u. a. Mädesüß, Brombeere und Schlehe. Die violettbraune Puppe ruht in einem dichten, braunen, birnenförmigen Kokon, der an bodennahen Pflanzenteilen angesponnen ist.

Überwinterung: Als Puppe, teilweise zweimal.

Bestimmungstipp: An dem großen Augenfleck, den beide Geschlechter auf jedem Flügel tragen, ist das Kleine Nachtpfauenauge unschwer zu erkennen. Ähnlich gezeichnete, jedoch größere Arten sind nur südlich der Alpen vertreten.

Während die schwarzen Jungraupen des Kleinen Nachtpfauenauges noch gesellig sind, lebt die ausgewachsene und nunmehr sehr bunte Raupe (Bild) einzeln.

Flügel verschiedenfarbig

Weißfleckwidderchen
Syntomis (Amata) phegea

Aussehen: Spannweite 3,3–4 cm. Eine Anzahl weißer, rundlicher Flecken sind auf den schwarzen, blau glänzenden Flügeln dieses Schmetterlings verteilt. Sein lang gestreckter, gleichfalls blauschwarzer Hinterleib trägt einen goldgelben Rückenfleck und »Gürtel«.

Vorkommen: Die Wärme liebende Art bewohnt sonnige Hänge und Waldränder sowie Böschungen und Dämme mit hohem Gras, im südlichen Mitteleuropa vor allem Steppenheiden. Weißfleckwidderchen sind nur inselartig verbreitet, im Bergland kann man sie bis in etwa 1500 m Höhe antreffen.

Flugzeiten: Von Ende Mai bis Mitte August in nur einer Generation.

Lebensweise: Das Weißfleckwidderchen gehört zu den Nachtfaltern, die nur bei Tage fliegen. Zu den bevorzugten Nektarquellen des eifrigen Blütenbesuchers zählen Taubenskabiose, Ackerwitwenblume, Brombeere und Disteln. Das Weibchen legt seine gelblichen Eier in kleinen Häufchen an die Blätter der Raupenfutterpflanzen.

Raupe: Die dunkelgraue Raupe trägt dichte, schwarze Haarbüschel, die auf kleinen Warzen sitzen, Kopf und Beine sind rotbraun. Sie frisst an verschiedenen krautigen Pflanzen, z. B. Löwenzahn, Taubnessel, Wegerich- und Ampferarten, in frühen Stadien gesellig, später einzeln. Die Verpuppung findet in einem Kokon in der Laubschicht am Boden statt.

Überwinterung: Als junge Raupen in einem gemeinschaftlichen Gespinst.

Das Veränderliche Widderchen *(Zygaena ephialtes)* **trägt seinen Namen völlig zu Recht: Seine blauschwarzen Vorderflügel können weiß gepunktet und mit zwei gelben oder roten Flecken versehen, aber auch nur gelb oder nur rot gefleckt sein.**

Flügel verschiedenfarbig

Bestimmungstipp:
Die Flügel des Ampfer-Grünwidderchens sind meist kräftig blaugrün, es kommen jedoch gelegentlich auch Exemplare mit gelbgrüner Färbung vor. Je nach Lichteinfall schillern die Falter oft auch grasgrün.

Ampfer-Grünwidderchen
Adscita (Procris) statices

Aussehen: Spannweite 2,5–3,2 cm. Ein intensiver, grüner Metallglanz macht den Falter trotz seiner geringen Größe zu einer auffälligen Erscheinung. Seine hell graubraunen Hinterflügel sind nur zu sehen, wenn er fliegt.

Vorkommen: Der vom Tiefland bis in 1500 m Höhe verbreitete Nachtfalter besiedelt sowohl Trockenrasen und Heiden wie auch feuchte bis nasse Wiesen und Moorgebiete. An geeigneten Stellen kann er durchaus in größerer Zahl auftreten.

Flugzeiten: Von Anfang Mai bis Ende Juli in nur einer Generation.

Lebensweise: Das tagaktive Grünwidderchen ernährt sich von Blütennektar. Seine bevorzugte Nektarpflanze ist die Kuckuckslichtnelke, doch fliegt es auch andere Blumen, etwa Wiesenflockenblumen oder Goldruten, an. Die Blüten dienen gleichfalls als Ruheplatz oder Paarungsort. Die gelben, ovalen Eier werden vom Weibchen in kleinen Grüppchen an die Unterseite von Sauerampferblättern geklebt.

Raupe: Die Futterpflanzen der Raupen sind der Kleine und der Wiesensauerampfer. Frisch geschlüpfte Raupen fressen zunächst nur Gänge in deren Laub, später das gesamte Blatt. Ausgewachsen ist die Raupe asselförmig dick, kurz behaart und mit ihrem gelben Rücken und den rosaroten Seiten ausgesprochen bunt. Die Verpuppung findet dann in einem weißlichen Gespinst am Boden statt.

Überwinterung: Als junge Raupe im Bodenbewuchs.

Auf Heideflächen, trockenen Hängen und alpinen Matten fliegt gebietsweise das ähnliche, aber noch kleinere Sonnenröschen-Grünwidderchen *(Adscita geryon)*. Seine Vorderflügel glänzen intensiv goldgrün.

Flügel verschiedenfarbig

Kleewidderchen, Hornkleewidderchen
Zygaena lonicerae

Bestimmungstipp: Das Kleewidderchen lässt sich am schmalen schwarzen Saum seiner Hinterflügel und den stets getrennten roten Flecken der Vorderflügel erkennen.

Aussehen: Spannweite 3,3–3,8 cm. Die blauschwarz glänzenden Vorderflügel tragen je fünf große, karminrote Flecken, die Hinterflügel sind, von einem schmalen schwarzen Saum abgesehen, vollständig karminrot.

Vorkommen: Waldwiesen und -ränder, Lichtungen, Kahlschläge und trockene Hänge sind die bevorzugten Lebensräume dieses Nachtfalters. Er kommt nur lokal vor, vom Tiefland bis in 1600 m Höhe; an geeigneten, blütenreichen Stellen kann man ihn jedoch bisweilen etwas zahlreicher antreffen.

Flugzeiten: Von Mitte Juni bis Mitte August in nur einer Generation.

Lebensweise: Der tagaktive Nachtfalter ist ein lebhafter und ausdauernder Flieger und ernährt sich von Blütennektar. Vorzugsweise fliegt er violette Blüten wie Ackerwitwenblume, Taubenskabiose, Flockenblume oder Kratzdistel an. Das Weibchen legt seine hellgelben, flach ovalen Eier in dichten Gruppen an die Blattunterseiten von Raupenfutterpflanzen.

Beim ähnlichen, jedoch kleineren Sumpfhornklee-Widderchen *(Zygaena trifolii)* verlaufen die roten Flecken auf den Vorderflügeln oft ineinander.

Raupe: Die dickliche, lang behaarte Raupe ist trübweiß oder blassgrün und mit schwarzen und gelben Fleckenreihen gezeichnet. Zu ihren Futterpflanzen zählen Gewöhnlicher Hornklee, Esparsette, Bergklee, Mittlerer Klee und andere Kleearten. Die Raupe verpuppt sich in einem gelben, kahnförmigen Kokon, der senkrecht an einem Pflanzenstängel angesponnen ist.

Überwinterung: Als halb ausgewachsene Raupe in der bodennahen Vegetation.

Flügel verschiedenfarbig

Bestimmungstipp:
An der weißlichen Umrandung der roten Flecken kann das Esparsettenwidderchen unschwer von allen anderen rot gefleckten Widderchen unterschieden werden.

Esparsettenwidderchen
Zygaena carniolica

Aussehen: Spannweite 2,8–3,5 cm. Die großen, karminroten Flecken auf den schwarzen, blaugrün schillernden Vorderflügeln dieses Widderchens sind mehr oder weniger breit weiß umrandet. Die karminroten Hinterflügel weisen einen schwärzlichen Saum auf.

Vorkommen: Der auffällige Schmetterling ist nur inselartig verbreitet, an seinen Flugstellen aber kann er in manchen Jahren in größerer Zahl auftreten. Er besiedelt vor allem trockene, sonnige Magerwiesen, mit niedrigem Gras bewachsene Hänge sowie Waldränder, im Bergland bis in 1500 m Höhe.

Flugzeiten: Von Mitte Juni bis Ende August in nur einer Generation.

Lebensweise: Der tagaktive Nachtfalter ernährt sich von Blütennektar und bevorzugt eindeutig violette Blumen. Am frühen Abend kommen oft zehn oder mehr Falter an einem aufragenden Pflanzenstängel zusammen, um dort eng aneinander gedrängt die Nacht zu verbringen. Die Ablage der gelben Eier erfolgt in kleinen Gruppen auf den Blättern der Raupenfutterpflanzen.

Raupe: Die dicke, grüne, weißlich behaarte Raupe hat schwarze und gelbe Fleckenreihen an den Seiten. Neben Esparsette frisst sie auch Gewöhnlichen Hornklee. Die Verwandlung zu einer gelblichen Puppe mit schwarzen Flügelscheiden vollzieht sich in einem gelblichen, spindelförmigen Kokon, der bodennah an einem Stängel oder Grashalm angesponnen ist.

Überwinterung: Als Raupe im Bodenbewuchs.

Die asselförmige Raupe des Esparsettenwidderchens zeichnet sich durch je eine gelbe und schwarze seitliche Fleckenreihe aus.

Flügel verschiedenfarbig

Sechsfleck-Widderchen, Gewöhnliches Widderchen, Blutströpfchen
Zygaena filipendulae

<u>Aussehen</u>: Spannweite 3–4 cm. Jeweils sechs karminrote Flecken, die einander paarweise genähert, nicht selten sogar miteinander verbunden sind, befinden sich auf den blauschwarzen, grünlich schillernden Vorderflügeln. Die karminroten Hinterflügel sind von einem schmalen schwarzen Saum umgeben.

<u>Vorkommen</u>: Der weit verbreitete Nachtfalter besiedelt die verschiedensten Lebensräume, von Trockenrasen und Brachland über Moorwiesen bis zu Berghängen in über 2000 m Höhe. Lokal findet man ihn auch auf Waldlichtungen und an Waldrändern.

<u>Flugzeiten</u>: In günstigen Jahren gebietsweise schon ab Mitte Mai in 2–3 Generationen, sonst erst von Juni ab bis September in nur einer Generation.

<u>Lebensweise</u>: In schwirrendem Flug sucht der rein tagaktive Falter mit Vorliebe violette Blüten auf, um deren Nektar aufzunehmen. Häufig finden sich mehrere Falter auf einem Blütenkopf ein. Das Weibchen heftet seine gelben Eier gruppenweise an Blätter der Raupenfutterpflanzen.

<u>Raupe</u>: Vier Reihen schwarzer Flecken zeichnen die grünlich gelbe, dickliche Raupe. Sie frisst insbesondere an Hornklee, aber auch an Bunter Kronwicke und Esparsette. Zuletzt verpuppt sie sich in einem lang gestreckten, kahnförmigen, gelbweißen Kokon, der meist an Grashalme angesponnen ist.

<u>Überwinterung</u>: Als Raupe in der Bodenstreu.

Bestimmungstipp: Beim Sechsfleck-Widderchen sind die Fühler vollständig schwarz. Außerdem liegen seine roten Fleckenpaare meist eng beieinander.

Im Alpenraum ist an sonnig warmen Berghängen, Böschungen, Waldrändern und auf Magerrasen das sehr ähnliche Hufeisenklee-Widderchen *(Zygaena transalpina)* anzutreffen. Seine Fühler haben meist eine kleine weiße Spitze.

Flügel verschiedenfarbig

Beilfleck-Widderchen, Kronwicken-Widderchen
Zygaena loti

Aussehen: Spannweite 2,8–3,3 cm. Von den jeweils fünf karminroten Flecken auf den metallisch glänzenden Vorderflügeln erinnert der äußerste in seiner Form an ein Beil. Die roten Hinterflügel haben einen feinen schwarzen Saum.

Vorkommen: Lebensraum der Trockenheit und Wärme liebenden Art sind offene oder buschbestandene Magerrasen, Steinbrüche und sonnenbegünstigte Berghänge, in den Alpen bis in über 2000 m Höhe.

Flugzeiten: Von Mitte Mai bis Ende August in nur einer Generation.

Lebensweise: Der ausschließlich bei Tag aktive Nachtfalter ist recht flugträge und ergreift auch bei Störungen nicht gleich die Flucht. Wie die anderen Widderchen bevorzugt er als Nektarquellen blauviolett und rot blühende Pflanzen, etwa Ackerwitwenblume, Kartäusernelke oder Flockenblume. Das Weibchen heftet seine gelben Eier in dichten Gruppen an die Blätter von krautigen Pflanzen.

Raupe: Die kurze, dicke, blass olivgrüne Raupe hat zwei Reihen kleiner, schwarzer Flecken und kurze, weiße Haarbüschel. Als Futterpflanzen dienen ihr Hufeisenklee, Gewöhnlicher Hornklee und Bunte Kronwicke. Zur Verpuppung fertigt sie sich in der Bodenvegetation einen eiförmigen, weißlich glänzenden Kokon an. Die Puppe ist schwarzbraun mit gelbem Hinterleib.

Überwinterung: Als Raupe im bodennahen Bewuchs.

Im selben Lebensraum kommt, allerdings viel seltener, auch das etwas größere Thymianwidderchen *(Zygaena purpuralis)* vor. Es ähnelt dem Beilfleck-Widderchen vor allem, wenn sein mittlerer roter Flügelstreifen in zwei Flecken unterteilt ist.

Flügel verschiedenfarbig

Ackerwinden-Trauereule, Windeneule
Tyta luctuosa

Bestimmungstipp: Durch die breite weiße Binde auf den Hinterflügeln ist die Ackerwinden-Trauereule leicht von der ähnlichen Maleneule *(Acontia lucida)* zu unterscheiden.

Aussehen: Die schwarzbraun marmorierten Flügel dieses Eulenfalters haben nur eine Spannweite von 2,3 bis 2,5 cm. Auffälligstes Merkmal ist ein großer weißer, manchmal zartrosa getönter Fleck am Rand der Vorderflügel. Auf den Hinterflügeln befindet sich eine weiße Mittelbinde.

Vorkommen: Der Wärme liebende Nachtfalter ist in Mitteleuropa vor allem in klimatisch begünstigten Regionen verbreitet, in Nordwestdeutschland fehlt er ganz. Er besiedelt Trockenwiesen, Heideflächen, Brachäcker und Ödland sowie trockene Berghänge bis hinauf in 1600 m Höhe.

Flugzeiten: Von Anfang Mai bis September in zwei Generationen.

Lebensweise: Der kleine Falter ist sowohl tagsüber wie auch in der Dämmerung und nachts aktiv. Vor allem bei sonnigem Wetter schwirrt er flink von Blüte zu Blüte, wobei er meist nur kurz am Nektar saugt. Zwischendurch ruht er mit ausgebreiteten Flügeln auf niedrigwüchsigen Pflanzen. Das Weibchen legt seine Eier einzeln an Stängeln und Knospen der Raupenfutterpflanze ab.

Raupe: Die schlanke, unbehaarte Raupe ist in jungen Stadien hellgrau, ausgewachsen dann braun mit helleren und dunkleren Linien. Sie lebt ausschließlich an Ackerwinden. Nachts frisst sie deren Blätter, tagsüber hält sie sich in deren Blüten verborgen. Zur Verpuppung fertigt sie sich einen sehr stabilen Erdkokon.

Überwinterung: Als Puppe.

Nicht einen, sondern zwei weiße Flecken pro Flügel hat der kleine Trauerzünsler *(Anania octomaculata)*, der gebietsweise in trockenen, steppenartigen Lebensräumen vorkommt. Der Nachtfalter sucht tagsüber nach Blütennektar.

Flügel verschiedenfarbig

Achateule
Phlogophora meticulosa

<u>Aussehen</u>: Spannweite 4,4–5 cm. Die ockergelben bis olivbraunen Vorderflügel des Nachtfalters sind rosarot übertönt und tragen in der Mitte eine v-förmige dunkle Zeichnung. Auf den gelblichen Hinterflügeln verlaufen feine dunkle Querlinien.

<u>Vorkommen</u>: Als Wanderfalter ist die Achateule in Mitteleuropa weit verbreitet. Sie bewohnt Wälder, Waldränder und Heckenlandschaften ebenso wie Brachland, Straßenböschungen, Parks und Gärten. In den Alpen kommt sie bis in 2000 m Höhe vor.

<u>Flugzeiten</u>: Von April bis Dezember in zwei Generationen, wobei die erste Generation aus überwinterten Raupen oder Puppen stammt und die zweite alljährlich durch Zuwanderer aus dem Süden Europas verstärkt wird.

<u>Lebensweise</u>: Der dämmerungs- und nachtaktive Falter besucht Blüten zur Nektaraufnahme. Zum Ruhen lässt er sich im Gras oder auf Blättern in Bodennähe nieder. Die Eier werden einzeln oder in Grüppchen auf Blätter von Raupenfutterpflanzen gelegt.

<u>Raupe</u>: Die grünliche oder braune, unbehaarte Raupe ist mit einer hellen Rückenlinie und seitlichen dunklen Schrägstrichen gezeichnet. Nachts frisst sie an verschiedenen Wild- und Kulturpflanzen, während sie sich tagsüber am Boden verborgen hält. Die Verwandlung in eine sehr schlanke, rotbraune Puppe erfolgt in einem lockeren Kokon knapp unter der Erdoberfläche.

<u>Überwinterung</u>: Als Raupe, bisweilen auch als Puppe, im Süden Europas auch als Falter.

> **Bestimmungstipp:**
> Der breite braune, v-förmige Mittelfleck auf dem Vorderflügel der Achateule schließt eine Verwechslung mit der Smaragdeule aus.

Die vor allem in den Mittelgebirgen lebende ähnliche Smaragdeule *(Phlogophora scita)* zeichnet sich gegenüber der Achateule durch einen leichten Grünton ihrer Flügel aus.

Flügel verschiedenfarbig

Grüne Eicheneule, Aprileule
Dichonia aprilina

Aussehen: Spannweite 4–4,6 cm. Schwarze, teilweise weiß abgesetzte Striche und Flecken zeichnen ein lebhaftes Muster auf die blaugrünen bis dunkel moosgrünen Vorderflügel des Falters. Die Hinterflügel sind dunkelgrau.

Vorkommen: Der attraktive, dennoch wenig auffällige Nachtfalter tritt nur lokal auf und ist nirgendwo häufig. Seine Lebensräume sind Laub- und Mischwälder mit Eichenbeständen, ebenso Parks und alte Gärten mit Eichen. In den Bergen kommt er oberhalb von 1000 m kaum noch vor.

Flugzeiten: Von Ende August bis Mitte November in einer Generation.

Lebensweise: Der rein nachtaktive Falter ist durch seine flechtenähnliche Flügelfärbung bestens getarnt, wenn er tagsüber an flechtenbewachsenen Stämmen oder Ästen sitzt. Gelegentlich entdeckt man ihn aber auch an Ruheplätzen, die ihm weniger gute Tarnung gewähren. Zur Nahrungsaufnahme sucht er Blüten und Beeren auf. Das Weibchen legt seine Eier einzeln an Zweige oder in Rindenritzen der Raupennahrungsbäume.

Raupe: Die dicke, rötlich braune bis graugrüne Raupe mit weißer und schwarzer Zeichnung hat kurze Borsten. Sie lebt auf Eichen, gelegentlich auch auf anderen Laubbäumen und ist wie der Falter nachtaktiv. Tagsüber hält sie sich in Rindenritzen verborgen. Die Verpuppung erfolgt in einem stabilen Kokon im Erdboden.

Überwinterung: Als Ei.

> **Bestimmungstipp:**
> Pfeilförmige schwarze Flecken entlang der Flügelränder sind charakteristisch für die Grüne Eicheneule.

Die rindenfarbige Raupe der Grünen Eicheneule frisst zunächst in den Knospen, später an den Blüten von Eichen. Erst wenn keine Knospen oder Blüten mehr verfügbar sind, geht sie zum Laub über.

Flügel verschiedenfarbig

Messingeule
Diachrysia chrysitis

Aussehen: Spannweite 3,2–4 cm. Die braunen Vorderflügel dieses Eulenfalters tragen zwei breite, messingfarben, manchmal auch grün oder sattgolden glänzende Querbänder, die oft durch einen Steg miteinander verbunden sind. Die Hinterflügel sind graubraun. Am vorderen Rücken ragen mehrere Haarbüschel zwischen den am Körper angelegten Flügeln auf.

Vorkommen: Der in Mitteleuropa weit verbreitete und regional noch nicht seltene Nachtfalter besiedelt Wälder, Moorgebiete, Uferauen und Ödland, aber auch Parks und Gärten. Im Gebirge kommt er bis in 1800 m Höhe vor.

Flugzeiten: Von Mitte Mai bis Ende September in zwei Generationen.

Lebensweise: Die Messingeule ist vorwiegend nachts auf Suche nach Blütennektar, fliegt aber auch in der Dämmerung und gelegentlich sogar bei Tage. Oft kann man sie tagsüber auf Blättern der Krautschicht ruhen sehen. Das Weibchen setzt seine gerippten Eier an den Blattunterseiten der Raupenfutterpflanzen ab.

Raupe: Feine weiße Rückenlinien und Seitenstreifen kennzeichnen die hellgrüne, nahezu unbehaarte Raupe. Sie lebt an Brennnesseln, Taubnesseln und zahlreichen anderen krautigen Pflanzen. Die Verpuppung erfolgt in einem locker gesponnenen, bräunlichen Kokon, der in der Krautschicht an den Pflanzen befestigt ist.

Überwinterung: Als halb ausgewachsene Raupe in der Bodenstreu.

Die hellgrüne Raupe der Messingeule sitzt zumeist am Stängel oder an der Blattunterseite ihrer Futterpflanze.

Flügel verschiedenfarbig

Rotes Ordensband
Catocala nupta

Aussehen: Spannweite 6,7–7,3 cm. Unregelmäßige Zackenlinien geben den aschgrauen, braun überstäubten Vorderflügeln ein rindenartiges Aussehen. Wenn der Falter seine Flügel öffnet, werden leuchtend rote, schwarz gebänderte Hinterflügel sichtbar.

Vorkommen: Der in Laub- und Mischwäldern, Ufergehölzen, Hecken, Pappelalleen und Parks verbreitete Nachtfalter ist die häufigste heimische Ordensbandart. Im Gebirge kommt er bis in 1600 m Höhe vor.

Flugzeiten: Von Anfang Juli bis Ende Oktober in nur einer Generation.

Flach an einen Zweig angeschmiegt, lässt sich die dünne, bis zu 7 cm lange Raupe des Roten Ordensbands kaum von der Rinde unterscheiden.

Lebensweise: Der nachtaktive Falter ernährt sich von den Säften überreifer oder faulender Früchte und dem an Wundstellen austretenden Baumsaft. Tagsüber sitzt er zumeist an Baumstämmen, wo er dank seiner Tarnfärbung schwer zu entdecken ist. Nur wenn er sich bedroht fühlt, zeigt er blitzartig seine signalfarbenen Hinterflügel. Das Zögern des überraschten Angreifers nützt er dann zur Flucht. Die Eier werden einzeln oder zu mehreren in Rindenritzen der Raupennahrungsbäume gelegt.

Raupe: Die schlanke Raupe ist nicht nur rindenartig gefärbt, durch kleine Auswüchse imitiert sie auch die Rindenstruktur. Auf diese Weise perfekt getarnt, ruht sie tagsüber an Zweigen verschiedener Weiden- und Pappelarten, deren Blätter sie nachts verzehrt. Die Verpuppung erfolgt in einem lockeren Kokon zwischen Blättern oder in Hohlräumen der Borke.

Überwinterung: Als Ei.

Flügel verschiedenfarbig

Gelbes Ordensband
Catocala (Ephesia) fulminea

Aussehen: Spannweite 5–6 cm. Die graubraunen, grob marmorierten Vorderflügel dieses Nachtfalters werden in der Mitte von Zickzacklinien durchzogen. Seine ockergelben Hinterflügel tragen zwei breite, schwarzbraune Binden, deren äußere durchbrochen ist.

Vorkommen: Die Wärme liebende Art tritt nur lokal und nirgendwo häufig auf, im Gebirge lediglich unterhalb von 1200 m. Ihre bevorzugten Lebensräume sind sonnige, buschbestandene Hänge und Waldränder, Heckenund Parklandschaften sowie Obstgärten mit Pflaumenbäumen.

Flugzeiten: Von Ende Juni bis Ende August in nur einer Generation.

Lebensweise: Der nachtaktive Falter ernährt sich von austretendem Baumsaft und saugt auch gern an überreifen Früchten. Tagsüber ruht er an Baumstämmen. Bei einer Störung reagiert er sehr scheu und fliegt rasch weg. Das Weibchen legt seine Eier einzeln in Rindenritzen der Raupennahrungsgehölze.

Raupe: Durch kleine Punktwarzen und Spitzen sowie einen langen, spitzen Rückenzapfen hat die schlanke, graubraune Raupe Ähnlichkeit mit einem kleinen Zweig. Reglos im Geäst sitzend ist sie nur schwer zu sehen. Sie lebt vor allem an Schlehe und Pflaume, seltener auch an Eichen oder Weißdorn. Die Verpuppung zu einer schlanken, braunen, blau bereiften Puppe findet in einem lockeren Gespinst zwischen Blättern statt.

Überwinterung: Als Ei.

Tagsüber ruht das Gelbe Ordensband gewöhnlich an einem Baumstamm, wobei es seine rindenfarbenen Vorderflügel geschlossen hält und dadurch bestens getarnt ist.

Flügel verschiedenfarbig

Grünes Blatt
Geometra papilionaria

Aussehen: Spannweite 4,5–5 cm. Über die zartgrünen Flügel dieses Nachtfalters ziehen sich zwei weiße, gezähnte Querlinien, die aber oft nur undeutlich ausgeprägt sind, zumal die Grundfärbung selbst oft mit der Zeit verblasst.

Vorkommen: Die Art ist in Mitteleuropa verbreitet, doch nirgendwo häufig. Sie besiedelt Laub- und Mischwälder, Moorgebiete und Feldgehölze, aber auch Parks und gehölzreiche Gärten. Im Gebirge kommt sie bis in 1600 m Höhe vor.

Flugzeiten: Von Mitte Mai bis September in nur einer Generation.

Lebensweise: Der nur kurze Distanzen fliegende Falter ist in der Dämmerung und nachts aktiv. Tagsüber sitzt er gewöhnlich auf der Oberseite von Laubblättern, nur seiner Tarnfärbung vertrauend. Das Weibchen heftet seine bräunlichen, oben eingedellten Eier in Gruppen an die Blattunterseiten der Raupennahrungsgehölze, wo sie sich allmählich rötlich verfärben.

Raupe: Die höckerigen Raupen sind zunächst braun, nach der Überwinterung dann grün mit gelben Seitenlinien, einem roten Rückenstreifen und rötlichen Höckern. Als Nahrungspflanzen dienen ihnen Birken, Erlen, Hasel, Weiden und andere Laubgehölze, auf denen sie meist an den Zweigspitzen sitzen. Die Verpuppung erfolgt zwischen Blättern in einem lockeren Kokon.

Überwinterung: Als halb ausgewachsene Raupe an einem Zweig ihres Futterbaums.

Bestimmungstipp: Von einigen ähnlich grünen Spannerarten ist das Grüne Blatt schon allein aufgrund seiner deutlich größeren Flügelspannweite unschwer zu unterscheiden.

Der ähnliche, aber viel kleinere Smaragdspanner (*Thetidia smaragdaria*) ist eine sehr wärmeliebende Art, die gebietsweise an trockenen, sonnigen Hängen vorkommt.

Flügel verschiedenfarbig

Gitterspanner, Gitterflügel
Semiothisa clathrata

Aussehen: Nur 2,2–2,5 cm misst der kleine Nachtfalter mit ausgebreiteten Flügeln. Dunkelbraun markierte Adern und schmale Querbinden zeichnen ein unregelmäßiges Gittermuster auf seine weißlichen oder gelblichen, dunkel bestäubten Flügel. Ein breiter, dunkelbraun und weiß geschecker Fransensaum umrandet die Flügel.

Vorkommen: Der weit verbreitete Gitterspanner tritt auf Magerwiesen, wildkräuterreichen Feldern, Kleeäckern sowie Öd- und Brachland auf, und zwar regional keineswegs selten. In den Alpen reicht seine Verbreitung bis in 1900 m Höhe.

Flugzeiten: Von Mitte April bis Mitte September in zwei Generationen.

Lebensweise: Der kleine, nicht sehr flugtüchtige Falter ist tag- und nachtaktiv. Bei Sonnenschein ist er auf Nahrungssuche, wobei er die verschiedensten Blüten anfliegt, um Nektar zu saugen. Bei trübem Wetter ruht er meist an Gräsern oder in der Krautschicht, von wo er bei einer Störung sofort auffliegt.

Raupe: Die schlanke, grüne Raupe hat an den Seiten einen kräftigen, weißen Streifen und auf dem Rücken feine weiße Linien. Neben grünen kommen auch rotbraune Exemplare vor. Als Nahrungspflanzen dienen verschiedene Kleearten sowie Saatluzerne. Die Verwandlung in eine gedrungene, braune Puppe erfolgt in der Bodenstreu, teils frei, teils in einem lockeren Gespinst.

Überwinterung: Als Puppe.

> **Bestimmungstipp:**
> Das dunkle Gittermuster auf Ober- und Unterseite der Flügel ist nicht nur namengebend, sondern auch kennzeichnend für den Gitterspanner.

Wie alle Spannerraupen heftet sich die Raupe des Gitterspanners zum Ruhen mit ihren Nachschiebern an die Unterlage und streckt den Körper steif ab.

Flügel verschiedenfarbig

Goldzünsler
Pyrausta aurata

Aussehen: Spannweite nur 1,6–2 cm. Die Vorderflügel dieses auffällig gefärbten Kleinschmetterlings sind schwarzbraun und purpurrot meliert und tragen runde, goldgelbe Flecken verschiedener Größe. Die bräunlich schwarzen Hinterflügel weisen eine breite goldgelbe Binde auf.

Vorkommen: Den in Mitteleuropa weit verbreiteten Nachtfalter kann man auf trockenen, ungedüngten Wiesen und Weiden sowie auf sonnigem, graswachsenem Ödland antreffen, wo er mancherorts gar nicht selten auftritt.

Flugzeiten: Von Ende April bis September in zumeist zwei Generationen.

Lebensweise: Der kleine Falter ist gleichermaßen tag- wie nachtaktiv. Bei Sonnenschein ist er auf Nahrungssuche, an trüben und kühlen Tagen sitzt er meist an Grashalmen oder auf Blättern in der bodennahen Krautschicht. Das Weibchen legt seine Eier in Gruppen an den Futterpflanzen der Raupen ab.

Raupe: Die dunkelgrünen Raupen haben einen schwarzen Kopf und eine gelbliche Rückenlinie. Sie leben gesellig in Gespinströhren an den Blättern von Minze- und Salbeiarten, Feldthymian, Wildem Dost, Taubnessel und anderen krautigen Pflanzen. Die Raupen der ersten Generation verpuppen sich auch in der Gespinströhre, Raupen der zweiten Generation jedoch in einem lockeren Gespinst am Boden.

Überwinterung: Als Raupe in der Bodenstreu.

Bestimmungstipp: Im Gegensatz zum ähnlichen Purpurzünsler weist der Goldzünsler auf den Vorderflügeln keinen sichelförmigen goldgelben Fleck auf.

An ähnlichen Stellen fliegt der Purpurzünsler *(Pyrausta purpuralis)*, dessen Vorderflügel aber stärker purpurrot sind und der zudem einen goldgelben Kopf und Brustabschnitt hat.

Flügel verschiedenfarbig

Grüner Eichenwickler
Tortrix viridana

Aussehen: Spannweite 1,6–2,4 cm. Die zartgrünen Vorderflügel sind an ihrem Vorderrand gelblich weiß. Im Sitzen legt sie der Falter am Rücken auffallend weit übereinander.

Vorkommen: Der weit verbreitete Kleinschmetterling tritt stellenweise in großer Zahl auf, insbesondere in Eichenwäldern und in Laubwäldern mit größeren Eichenbeständen.

Flugzeiten: Von Ende Mai bis August in lediglich einer Generation.

Lebensweise: Die kleinen Nachtfalter schwärmen vor allem in der Abenddämmerung und nachts umher, fliegen aber auch am hellen Tag oft von ihren Ruheplätzen im Laub der Bäume auf. Sie lassen sich leicht aufscheuchen, doch landen sie stets nach kurzem Flug wieder. Zumeist suchen sie dann auf der Unterseite von Laubblättern Deckung. Die Weibchen legen ihre Eier paarweise auf Zweige und Blätter und verdecken sie mit kleinen Pflanzenteilchen.

Raupe: Die grüne, stark gekörnte Raupe hat einen dunkelbraunen bis schwarzen Kopf. Sie lebt zunächst an Knospen, später in einem zusammengerollten oder -gefalteten Blatt auf Eichen, seltener auch auf Weiden, Rotbuche, Ahorn und anderen Laubbäumen. Wenn sie schließlich die Verpuppungsreife erreicht hat, verwandelt sie sich in ihrer Blatthülle in eine braun bis schwarz gefärbte Puppe.

Überwinterung: Als Ei.

> **Bestimmungstipp:**
> An seinen grauen Hinterflügeln kann man den Grünen Eichenwickler von dem sehr ähnlichen Weidenkahneulchen unterscheiden, das weiße Hinterflügel hat.

Das ähnliche Weidenkahneulchen *(Earias clorana)* kommt vor allem entlang von Wasserläufen vor, wo seine Raupen am Laub von Weiden fressen.

Arten- und Sachregister

Abendpfauenauge 158
Abraxas grossulariata 38
Achateule 177
Acherontia atropos 156
Ackerwinden-Trauereule 176
Acontia lucida 176
Admiral 155
Adscita geryon 171
Adscita statices 171
Agapetes galathea 37
Aglais urticae 126
Aglia tau 152
Agrodiaetus damon 70
Ähnlicher Perlmutterfalter 133
Alexisbläuling 64
Alpenmotte siehe Schwarze Alpenmotte 120
Alpensamtfalter 87
Alpenweißling 34
Alpenwiesenvögelchen 143
Amata phegea 170
Ampfer-Grünwidderchen 171
Anania octomaculata 176
Angerona prunaria 153
Antennen 12
Anthocaris cardamines 37
Apatura ilia 61
Apatura iris 60
Aphantopus hyperantus 89
Apollofalter 26
Aporia crataegi 29
Aprileule 178
Araschnia levana 77
Archiearis notha 119
Archiearis parthenias 119
Arctia caja 164
Arethusana arethusa 79
Argusbläuling 68
Argynnis lathonia 131
Argynnis paphia 128
Arichanna melanaria 58
Augenfleck 11, 12
Aurorafalter 36
Autographa gamma 115

Baldrianscheckenfalter 138
Bauchbeine 19
Baumweißling 29
Beilfleck-Widderchen 175
Bergmohrenfalter 86
Bergweißling 33
Birkenspanner 41
Birkenspinner 109
Birken-Zipfelfalter 93
Biston betularia 41
Blauäugiger Waldportier 80

Blaukernauge 80
Bläuling
 Alexisbläuling 64
 Argusbläuling 68
 Faulbaumbläuling 63
 Fetthennenbläuling 99
 Geißkleebläuling 68
 Gewöhnlicher Bläuling 73
 Großer Moorbläuling 67
 Grünblauer Bläuling 70
 Hauhechelbläuling 73
 Heller Wiesenknopf- bläuling 67
 Himmelblauer Bläuling 72
 Himmelblauer Steinklee- bläuling 64
 Kleiner Moorbläuling 65
 Lungenenzianbläuling 65
 Rotkleebläuling 69
 Schwarzbrauner Bläu- ling 100
 Schwarzgeflecker Bläuling 66
 Silbergrüner Bläuling 71
 Storchschnabelbläu- ling 100
 Violetter Waldbläuling 69
 Wundkleebläuling 62
 Zwergbläuling 98
Blutbär 167
Blutströpfchen 174
Boloria napaea 133
Boloria pales 133
Braunauge 90
Braune Tageule 117
Brauner Bär 164
Brauner Eichen-Zipfelfalter 95
Brauner Feuerfalter 97
Brauner Waldvogel 89
Braunfleckiger Perlmutter- falter 134
Breitflügeliger Fleckleibbär 43
Brenthis ino 132
Brintesia circe 81
Brombeer-Schattenspanner 39
Brombeer-Zipfelfalter 96
Buchen-Frostspanner 9
Buchenstreckfuß 44
Bunteule siehe Klee-Bunt- eule 116
Bürstenspinner siehe Schle- henbürstenspinner 112

***C**allimorpha dominula* 165
Callimorpha quadripunctaria 166

Callistege mi 116
Calliteara pudibunda 44
Callophrys rubi 96
Carcharodus flocciferus 103
Carcharodus alceae 103
Carterocephalus palaemon 101
Catocala fulminea 181
Catocala nupta 180
Celastrina argiolus 63
Cerura vinula 42
C-Falter 125
Clossiana euphrosyne 135
Clossiana selene 134
Coenonympha arcania 143
Coenonympha gardetta 143
Coenonympha glycerion 144
Coenonympha hero 144
Coenonympha pamphilus 142
Coenonympha tullia 142
Colias australis 52
Colias crocea 53
Colias hyale 52
Colias palaeno 51
Cupido minimus 98
Cyaniris semiargus 69
Cynthia cardui 124

Damenbrett 37
Deilephila elpenor 159
Deilephila porcellus 159
Dendrolimus pini 111
Diachrysia chrysitis 179
Diacrisia sannio 56
Dichonia aprilina 178
Dickkopffalter
 Dunkelbrauner Würfel- Dickkopffalter 105
 Dunkler Dickkopffalter 102
 Heilziest-Dickkopffalter 103
 Gelbwürfeliger Dickkopf- falter 101
 Kleiner Würfel-Dickkopf- falter 104
 Komma-Dickkopffalter 150
 Kronwicken-Dickkopf- falter 102
 Malven-Dickkopffalter 103
 Ockergelber Braun-Dick- kopffalter 151
 Rostfarbiger Dickkopf- falter 150
 Schwarzbrauner Würfel- Dickkopffalter 105

Arten- und Sachregister

Schwarzkolbiger Braun-Dickkopffalter 151
Steppenheiden-Würfel-Dickkopffalter 105
Distelfalter 124
Drepana binaria 57
Drepana falcataria 57
Duftschuppen 11, 16
Duftsignale 16
Dukatenfalter 147
Dukatenfeuerfalter 147
Dunkelbrauner Würfel-Dickkopffalter 105
Dunkler Dickkopffalter 102

*E*arias clorana 185
Eiablage 17
Eicheneule siehe Grüne Eicheneule 178
Eichenspinner 108
Eichenwickler siehe Grüner Eichenwickler 185
Eier 16, 17
Eisvogel
   Großer Eisvogel 75
   Kleiner Eisvogel 75
Elkneria pudibunda 44
Elophila nymphaeata 46
Ematurga atomaria 122
Endromis versicolora 109
Endrosa aurita 55
Ephesia fulminea 181
Erannis defoliaria 121
Erebia aethiops 83
Erebia euryale 86
Erebia ligea 82
Erebia manto 85
Erebia medusa 84
Erynnis tages 102
Esparsettenwidderchen 173
Euclidia glyphica 117
Eudia pavonia 169
Eulenspinner siehe Rosen-Eulenspinner 113
Eumedonia eumedon 100
Euphydryas aurinia 141
Euphydryas cynthia 78
Euplagia quadripunctaria 166

*F*abriciana adippe 130
Fabriciana niobe 130
Facettenaugen 12
Faulbaumbläuling 63
Federmotte
   Huflattich-Federmotte 47
   Winden-Federmotte 47
Fetthennenbläuling 99
Feuerfalter
   Brauner Feuerfalter 97
   Dukatenfeuerfalter 147

Kleiner Ampferfeuerfalter 149
Kleiner Feuerfalter 146
Lilagold-Feuerfalter 149
Violetter Feuerfalter 148
Feuriger Perlmutterfalter 130
Feuriger Scheckenfalter 137
Fixenia pruni 95
Flechtenbär siehe Gestreifter Flechtenbär 55
Fleckenspanner 58
Frostspanner
   Buchen-Frostspanner 9
   Großer Frostspanner 121
Frühlingsscheckenfalter 92
Fuchs
   Großer Fuchs 127
   Kleiner Fuchs 126
Fühler 12, 13

*G*abelschwanz siehe Großer Gabelschwanz 42
Gammaeule 115
Gastropacha quercifolia 110
Geißkleebläuling 68
Geistermotte 54
Gelbes Ordensband 181
Gelbgefleckter Mohrenfalter 85
Gelbling
   Hochmoorgelbling 51
   Hufeisenklee-Gelbling 52
   Wandergelbling 53
   Weißkleegelbling 52
Gelbspanner 59
Gelbwürfeliger Dickkopffalter 101
Geometra papilionaria 182
Gestreifter Flechtenbär 55
Gestreifter Grasbär 55
Gewöhnlicher Bläuling 73
Gewöhnlicher Scheckenfalter 136
Gewöhnliches Widderchen 174
Gitterflügel 183
Gitterspanner 183
Glasflügler 9
Glaucopsyche alexis 64
Gletscherfalter 87
Goldene Acht 52
Goldzünsler 184
Gonepteryx rhamni 50
Grasbär siehe Gestreifter Grasbär 55
Graubindiger Mohrenfalter 83
Großer Eisvogel 75
Großer Frostspanner 121

Großer Fuchs 127
Großer Gabelschwanz 42
Großer Hopfenwurzelbohrer 54
Großer Kohlweißling 30
Großer Mohrenfalter 82
Großer Moorbläuling 67
Großer Perlmutterfalter 129
Großer Schillerfalter 60
Großes Jungfernkind 119
Großes Ochsenauge 88
Großes Wiesenvögelchen 142
Grünaderweißling 32
Grünblauer Bläuling 70
Grüne Eicheneule 178
Grüner Eichenwickler 185
Grüner Zipfelfalter 96
Grünes Blatt 182
Gürtelpuppe 20

*H*amearis lucina 92
Harlekin 38
Hauhechelbläuling 73
Hausmutter 114
Häutung 18
Heckenweißling 32
Heidefalter 79
Heidekrautspanner 122
Heilziest-Dickkopffalter 103
Heller Sichelflügler 57
Heller Wiesenknopfbläuling 67
Hemaris fuciformis 160
Hemaris tityus 160
Heodes alciphron 148
Heodes tityrus 97
Heodes virgaureae 147
Hepialus humuli 54
Hesperia comma 150
Heufalter siehe Kleiner Heufalter 142
Himmelblauer Bläuling 72
Himmelblauer Steinkleebläuling 64
Hinterleib 12, 13
Hipparchia semele 79
Hochalpenapollo 27
Hochalpen-Perlmutterfalter 133
Hochgebirgs-Perlmutterfalter 133
Hochmoorgelbling 51
Hopfenspinner 54
Hopfenwurzelbohrer siehe Großer Hopfenwurzelbohrer 54
Hornissen-Glasflügler 9
Hornkleewidderchen 172
Hufeisenklee-Gelbling 52

187

Arten- und Sachregister

Hufeisenklee-Widderchen 174
Huflattich-Federmotte 47
Hummelschwärmer 160
Hyloicus pinastri 106
Hypodryas cynthia 78

*I*nachis io 154
Iphiclides podalirius 49
Issoria lathonia 131

*J*akobskrautbär 167
Jungfernkind
 Großes Jungfernkind 119
 Mittleres Jungfernkind 119

*K*aisermantel 128
Kälberauge 142
Karminbär 167
Kiefernschwärmer 106
Kiefernspinner 111
Klee-Bunteule 116
Kleewidderchen 172
Kleiner Ampferfeuerfalter 149
Kleiner Eisvogel 74
Kleiner Feuerfalter 146
Kleiner Fuchs 126
Kleiner Heufalter 142
Kleiner Kohlweißling 31
Kleiner Moorbläuling 65
Kleiner Perlmutterfalter 131
Kleiner Schillerfalter 61
Kleiner Weinschwärmer 159
Kleiner Würfel-Dickkopffalter 104
Kleines Nachtpfauenauge 169
Kleines Wiesenvögelchen 142
Kleinschmetterlinge 9
Kohlweißling
 Großer Kohlweißling 30
 Kleiner Kohlweißling 31
Komma-Dickkopffalter 150
Komplexaugen 12
Kreuzdorn-Zipfelfalter 94
Kronwicken-Dickkopffalter 102
Kronwicken-Widderchen 175
Kuhauge 88
Kupferglucke 110

*L*andkärtchen 11, 77
Langhornmotte siehe Windröschen-Langhornmotte 123
Laothoe populi 107
Lasiocampa quercus 108
Lasiommata maera 90
Lasiommata megera 145

Laubfalter 91
Leptidea sinapis 28
Ligusterschwärmer 157
Lilagold-Feuerfalter 149
Limenitis camilla 74
Limenitis populi 75
Linienspanner 40
Lungenenzianbläuling 65
Lycaena alciphron 148
Lycaena hippothoe 149
Lycaena phlaeas 146
Lycaena tityrus 97
Lycaena virgaureae 147
Lymantria monacha 45
Lysandra bellargus 72
Lysandra coridon 71

*M*acroglossum stellatarum 161
Maculinea alcon 65
Maculinea arion 66
Maculinea teleius 67
Mädesüß-Perlmutterfalter 132
Malven-Dickkopffalter 103
Malveneule 176
Malvenfalter 103
Malven-Würfelfleckfalter 104
Maniola jurtina 88
Märzveilchenfalter 130
Mauerfuchs 145
Melanargia galathea 37
Melasina lugubris 120
Melitaea cinxia 136
Melitaea diamina 138
Melitaea didyma 137
Mellicta athalia 139
Mellicta parthenoides 140
Mesoacidalia aglaja 129
Mesoleuca albicillata 39
Messingeule 179
Micropterix calthella 9
Milchfleck 82
Minois dryas 80
Mittlerer Perlmutterfalter 130
Mittlerer Weinschwärmer 159
Mittleres Jungfernkind 119
Mohrenfalter
 Bergmohrenfalter 86
 Gelbgefleckter Mohrenfalter 85
 Graubindiger Mohrenfalter 83
 Großer Mohrenfalter 82
 Rundaugen-Mohrenfalter 84
 Weißbindiger Mohrenfalter 82

 Weißrandiger Mohrenfalter 89
Mondfleck 168
Mondvogel 168

*N*achschieber 19
Nachtfalter 9
Nachtpfauenauge siehe Kleines Nachtpfauenauge 169
Nagelfleck 152
Nahrungsaufnahme 15
Nemeobius lucina 92
Nemophora degeerella 123
Netzfalter 77
Nierenfleck 93
Nierenfleck-Zipfelfalter 93
Noctua pronuba 114
Nonne 45
Nymphalis antiopa 76
Nymphalis polychloros 127
Nymphula nymphaeata 46

*O*chlodes venatus 150
Ochsenauge siehe Großes Ochsenauge 88
Ockerbindiger Samtfalter 79
Ockergelber Braun-Dickkopffalter 151
Odezia atrata 120
Oeneis glacialis 87
Opisthograptis luteolata 59
Opteroptera fagata 9
Ordensband
 Gelbes Ordensband 181
 Rotes Ordensband 180
Orgyia antiqua 112

*P*alaeochrysophanus hippothoe 149
Pantherspanner 58
Papilio machaon 48
Pappelschwärmer 107
Pararge aegeria 91
Parasemia plantaginis 163
Parnassius apollo 26
Parnassius phoebus 27
Perlgrasfalter 143
Perlmutterfalter
 Ähnlicher Perlmutterfalter 133
 Braunfleckiger Perlmutterfalter 134
 Feuriger Perlmutterfalter 130
 Großer Perlmutterfalter 129
 Hochalpen-Perlmutterfalter 133

Arten- und Sachregister

Hochgebirgs-Perlmutterfalter 133
Kleiner Perlmutterfalter 131
Mädesüß-Perlmutterfalter 132
Mittlerer Perlmutterfalter 130
Silberfleck-Perlmutterfalter 135
Veilchen-Perlmutterfalter 135
Pfauenauge
  Abendpfauenauge 158
  Kleines Nachtpfauenauge 169
  Tagpfauenauge 154
Pflaumen-Zipfelfalter 95
Phalera bucephala 168
Phlogophora meticulosa 177
Phlogophora scita 177
Phragmatobia fuliginosa 162
Pieris brassicae 30
Pieris bryoniae 33
Pieris napi 32
Pieris rapae 31
Platyptilia gonodactyla 47
Plebejus argus 68
Plebicula dorylas 62
Polygonia c-album 125
Polyommatus icarus 73
Pontia callidice 34
Pontia daplidice 35
Postillion 53
Procris statices 171
Pseudopanthera macularia 58
Pterophorus pentadactyla 47
Puppe 20
Purpurzünsler 184
Pyrausta aurata 184
Pyrausta purpuralis 184
Pyrgus fritillarius 105
Pyrgus malvae 104
Pyrgus serratulae 105

Rapsweißling 32
Raupen 18
Rauschbeerspanner 58
Resedafalter 35
Roseneule 113
Rosen-Eulenspinner 113
Rostbär 162
Rostbinde 79
Rostfarbiger Dickkopffalter 150
Rotbinden-Samtfalter 79
Rotbraunes Wiesenvögelchen 144
Roter Scheckenfalter 137

Rotes Ordensband 180
Rotkleebläuling 69
Rotrandbär 56
Rotschwanz 44
Rundaugen-Mohrenfalter 84
Russischer Bär 166

Samtfalter
  Alpensamtfalter 87
  Ockerbindiger Samtfalter 79
  Rotbinden-Samtfalter 79
Saturnia pavonia 169
Satyrium ilicis 95
Satyrium spini 94
Satyrium w-album 94
Saugrüssel 12
Schachbrett 37
Schattenkönigin 81
Scheckenfalter
  Baldrianscheckenfalter 138
  Feuriger Scheckenfalter 137
  Frühlingsscheckenfalter 92
  Gewöhnlicher Scheckenfalter 136
  Roter Scheckenfalter 137
  Silberscheckenfalter 138
  Skabiosenscheckenfalter 141
  Veilchenscheckenfalter 78
  Wachtelweizen-Scheckenfalter 139
  Wegerichscheckenfalter 136
  Westlicher Scheckenfalter 140
Scheck-Tageule 116
Schillerfalter
  Großer Schillerfalter 60
  Kleiner Schillerfalter 61
Schlehen-Bürstenspinner 112
Schlehenspanner 153
Schlehenspinner 112
Schlüsselblumen-Würfelfalter 92
Schönbär 165
Schornsteinfeger 89
Schuppen 10
Schwalbenschwanz 48
Schwarzaderspanner 40
Schwarzbrauner Bläuling 100
Schwarzbrauner Würfel-Dickkopffalter 105
Schwarze Alpenmotte 120
Schwarzfleckenspanner 39

Schwarzgefleckter Bläuling 66
Schwarzkolbiger Braun-Dickkopffalter 151
Schwarzrandspanner 39
Schwarzspanner 120
Scoliopteryx libatrix 118
Scolitantides orion 99
Sechsfleck-Widderchen 174
Seerosen-Wasserzünsler 46
Segelfalter 49
Semiothisa clathrata 183
Senfweißling 28
Sesia apiformis 9
Sichelflügler
  Heller Sichelflügler 57
  Zweipunkt-Sichelflügler 57
Sichelspinner 57
Silberfleck-Perlmutterfalter 135
Silbergrüner Bläuling 71
Silberscheckenfalter 138
Silberstrich 128
Siona lineata 40
Skabiosenscheckenfalter 141
Skabiosenschwärmer 160
Smaragdeule 177
Smaragdspanner 182
Smerinthus ocellata 158
Sonnenröschen-Grünwiderchen 171
Spanische Fahne 166
Sphinx ligustri 157
Spilosoma lubricipeda 43
Spiris striata 55
Stachelbeerspanner 38
Steppenheiden-Würfel-Dickkopffalter 105
Stigmen 19
Storchschnabelbläuling 100
Strymonidia pruni 95
Strymonidia w-album 94
Stürzpuppe 20
Sumpfhornklee-Widderchen 172
Syntomis phegea 170

Tageule
  Braune Tageule 117
  Scheck-Tageule 116
Tagfalter 8
Tagpfauenauge 154
Tarnung 14
Taubenschwänzchen 161
Thecla betulae 93
Thetidia smaragdaria 182
Thyatira batis 113
Thymelicus lineolus 151

189

Arten- und Sachregister

Thymelicus sylvestris 151
Thymianwidderchen 175
Tigerbär siehe Weißer Tigerbär 43
Tigermotte siehe Weiße Tigermotte 43
Tintenfleckweißling 28
Tortrix viridana 185
Totenkopfschwärmer 156
Trauereule siehe Ackerwinden-Trauereule 176
Trauermantel 76
Trauerspanner 120
Trauerzünsler 176
Tyria jacobaeae 167
Tyta luctuosa 176

Überwinterung 15
Ulmen-Zipfelfalter 94
Urmotte 9

Vanessa atalanta 155
Veilchen-Perlmutterfalter 135
Veilchenscheckenfalter 78
Veränderliches Widderchen 170
Violetter Feuerfalter 148
Violetter Silberfalter 132
Violetter Waldbläuling 69

Wachtelweizen-Scheckenfalter 139
Waldbrettspiel 91
Waldpförtner 81
Waldportier
  Blauäugiger Waldportier 80
  Weißer Waldportier 81
Waldteufel 83
Waldwiesenvögelchen 144
Wandergelbling 53
Wegerichbär 163
Wegerichscheckenfalter 136
Weidenkahneulchen 185
Weinschwärmer
  Kleiner Weinschwärmer 159
  Mittlerer Weinschwärmer 159

Weißbindiger Mohrenfalter 82
Weißbindiges Wiesenvögelchen 143
Weiße Tigermotte 43
Weißer Tigerbär 43
Weißer Waldportier 81
Weißes W 94
Weißfleckwidderchen 170
Weißkleegelbling 52
Weißling
  Alpenweißling 34
  Baumweißling 29
  Bergweißling 33
  Großer Kohlweißling 30
  Grünaderweißling 32
  Heckenweißling 32
  Kleiner Kohlweißling 31
  Rapsweißling 32
  Senfweißling 28
Weißrandiger Mohrenfalter 89
Westlicher Scheckenfalter 140
Widderchen
  Ampfer-Grünwidderchen 171
  Beilfleck-Widderchen 175
  Esparsettenwidderchen 173
  Gewöhnliches Widderchen 174
  Hornkleewidderchen 172
  Hufeisenklee-Widderchen 174
  Kleewidderchen 172
  Kronwicken-Widderchen 175
  Sechsfleck-Widderchen 174
  Sonnenröschen-Grünwidderchen 171
  Sumpfhornklee-Widderchen 172
  Thymianwidderchen 175
  Veränderliches Widderchen 170
  Weißfleckwidderchen 170
Wiesenvögelchen
  Alpenwiesenvögelchen 143

Großes Wiesenvögelchen 142
Kleines Wiesenvögelchen 142
Rotbraunes Wiesenvögelchen 144
Waldwiesenvögelchen 144
Weißbindiges Wiesenvögelchen 143
Windeneule 176
Winden-Federmotte 47
Windröschen-Langhornmotte 123
Wundkleebläuling 62
Würfelfalter siehe Schlüsselblumen-Würfelfalter 92
Würfelfleckfalter siehe Malven-Würfelfleckfalter 104

Zackeneule 118
Zimtbär 162
Zimteule 118
Zipfelfalter
  Birken-Zipfelfalter 93
  Brauner Eichen-Zipfelfalter 95
  Brombeer-Zipfelfalter 96
  Grüner Zipfelfalter 96
  Kreuzdorn-Zipfelfalter 94
  Nierenfleck-Zipfelfalter 93
  Pflaumen-Zipfelfalter 95
  Ulmen-Zipfelfalter 94
Zitronenfalter 50
Zitronenspanner 59
Zünsler
  Purpurzünsler 184
  Seerosen-Wasserzünsler 46
  Trauerzünsler 176
Zweipunkt-Sichelflügler 57
Zwergbläuling 98
Zygaena carniolica 173
Zygaena ephialtes 170
Zygaena filipendulae 174
Zygaena lonicerae 172
Zygaena loti 175
Zygaena purpuralis 175
Zygaena transalpina 174
Zygaena trifolii 172

Bildnachweis und Impressum

Bildnachweis

Titelbild: Lilagold-Feuerfalter; **Seite 1:** Kleiner Fuchs; **Seite 2/3:** Apollofalter; **Seite 4:** Mittlerer Weinschwärmer (oben), Hummelschwärmer (unten); **Seite 5:** Rotkleebläuling; **Seite 6/7:** Zitronenfalter; **Seite 24/25:** Rostfarbiger Dickkopffalter.

Bahr: Seite 169 u.; **blickwinkel/Böckler:** Seite 13 re. o., 88 li.; **blickwinkel/Perseke:** Seite 15 mi., 18 u., 37 o.; **blickwinkel/Schaber:** Seite 73 u.; **blickwinkel/Schütz:** Seite 17 li. o., 154 u.; **blickwinkel/Westerwinter:** Seite 8, 9 li. mi., 17 re. o., 36 o., 103 o., 161 o., 166; **Hinz:** Seite 9 li. o., 11 re. o., 51 u., 54 o., 68 u., 72 u., 84 u., 96 o., 98 u., 124 o., 136 o., 144 o., 162 o., 183 o., 184 u.; **König:** Seite 17 li. u., 107 u.; **Marktanner:** vordere Klappe (5), Seite 9 li. u., 10, 11 re. u., 14 o., 15 u., 17 li. mi., 22 li., 24/25, 26, 27 u., 28 u., 29 u., 30, 31, 32, 33, 34, 35, 38, 39 re, 40 o., 41 o., 42 o., 43 o., 45 o., 48 o., 51 o., 52, 53 o., 54 o., 55 o., 56 u., 57 o., 58, 62, 63 u., 64, 65, 67, 68 o., 69 o., 70, 72 o., 73 o., 75 u., 79 u., 80 u., 81, 82 o., 83, 85, 86, 87, 88 o., 89, 91, 96 u., 97, 98 o., 100, 101 u., 102, 103 u., 104, 105, 106 u., 108, 110 o., 111 o., 112 u., 113 o., 115, 116, 117 o., 118 o., 119 o., 120, 121, 122, 123, 124 u., 126 u., 127, 129 o., 130 o., 131 o., 132, 133 o., 134 o., 135 o., 136 u., 137 o., 138, 139 o., 140, 141, 142 o., 143 o., 146 o., 147, 150, 151, 153, 154 o., 158 o., 159, 160 o., 163, 164 o., 165, 167 o., 168 o., 170 u., 171, 172, 173 u., 174, 175, 176, 177, 178 o., 180 o., 181 o., 182 u., 184 o., 185, hintere Klappe (3); U4 li.o., li. u.; **Pforr:** Seite 15 o., 119 u.; **Willner, O.:** Seite 47 u., 60 o., 61 u., 71 o., 77 o., 82 u., 109 u., 114 o., 117 u., 118 u., 125 u., 157 o., 162 u., 179 u.; **Willner, W.:** Seite 2/3, 4 o., 11 re. mi. u., 13 li. o., 13 re. u., 16, 18 o., 19, 21 li. mi., re. u., 37 u., 39 li., 40 u., 41 o., 42 u., 46 o., 48 u., 50 o., 57 u., 61 o., 71 u., 76 o., 80 o., 84 o., 101 o., 106 u., 110 o., 112 o., 114 o., 126 o., 142 u., 145 u., 146 u., 155 o., 156 u., 164 u., 167 u., 168 u., 170 o., 173 o., 179 o., 181 o., 182 o., hintere Klappe (1); **Zeininger:** Seite 4 u., 6/7, 11 re. mi., 13 li. u., 49 o., 50 u., 74 u., 128 u., 155 u., 158 u., 180 u., hintere Klappe (3); **Zepf:** U1, vordere Klappe (3), Seite 1, 5, 9 re. o., 11 li. u., 14 u., 20, 21 li. o., li. u., re. o., 22 re., 23, 27 o., 28 o., 29 o., 36 u., 43 u., 44, 45 u., 46 u., 47 o., 49 u., 53 u., 55 u., 56 o., 59, 60 u., 63 o., 66, 69 u., 74 o., 75 u., 76 u., 77 u., 78, 79 o., 90, 92, 93, 94, 95, 99, 107 o., 109 u., 111 u., 113 u., 125 o., 128 o., 129 u., 130 u., 131 o., 133 u., 134 u., 135 u., 137 u., 139 u., 143 u., 144 u., 145 u., 148, 149, 152, 156 u., 157 u., 160 u., 161 u., 169 o., 178 u., 183 u., hintere Klappe (6), U4 re.

Dieses Buch entstand in Zusammenarbeit zwischen dem ADAC Verlag, München, und dem Gräfe und Unzer Verlag, München.

© 2000 ADAC Verlag GmbH, München
© 2000 Gräfe und Unzer Verlag GmbH, München

Text: Dr. Helga Hofmann
Fachberatung: Thomas Marktanner

Projektleitung: Dr. Michael Eppinger,
Mariele Radmacher-Martens
Textredaktion: Christina Freiberg
Zeichnungen: Johann Brandstetter
Bildbeschaffung: Petra Wichlinski
Layout- und Titelgestaltung:
BuchHaus Robert Gigler GmbH
Herstellung: Verena Römer
Satz: Filmsatz Schröter, München
Repro: Penta Repro, München
Druck und Bindung: Druckerei Parzeller, Fulda

Vertrieb im Buchhandel:
Gräfe und Unzer Verlag, München
ISBN 3-7742-2172-3

Das Werk einschließlich aller seiner Teile ist urheberrechtlich geschützt. Jede Verwendung außerhalb der engen Grenzen des Urheberrechtsgesetzes ist ohne Zustimmung der Verlage unzulässig und strafbar. Das gilt insbesondere für Vervielfältigungen, Übersetzungen, Mikroverfilmungen und die Verarbeitung in elektronischen Systemen.

Die Daten und Fakten dieses Buchs wurden mit äußerster Sorgfalt recherchiert und geprüft. Dennoch kann keine Gewähr für die dauerhafte Richtigkeit der Angaben übernommen werden.

Totenkopfschwärmer

Schlehenspinner

Hummelschwärmer

Distelfalter